utb 4679

Eine Arbeitsgemeinschaft der Verlage

Böhlau Verlag · Wien · Köln · Weimar
Verlag Barbara Budrich · Opladen · Toronto
facultas · Wien
Wilhelm Fink · Paderborn
A. Francke Verlag · Tübingen
Haupt Verlag · Bern
Verlag Julius Klinkhardt · Bad Heilbrunn
Mohr Siebeck · Tübingen
Ernst Reinhardt Verlag · München · Basel
Ferdinand Schöningh · Paderborn
Eugen Ulmer Verlag · Stuttgart
UVK Verlagsgesellschaft · Konstanz, mit UVK/Lucius · München
Vandenhoeck & Ruprecht · Göttingen · Bristol
Waxmann · Münster · New York

Prof. Dr. Martin Fromm, Dipl.-Päd., Dipl.-Psych., Lehrstuhl für Pädagogik an der Universität Stuttgart. Arbeitsschwerpunkte: Pädagogische Theoriebildung, Forschungsmethodik (insbesondere qualitative Verfahren), Soziale Lernprozesse und Beratung.

Martin Fromm

Lernen und Lehren

Psychologische Grundlagen für Lehramtsstudierende

Waxmann
Münster · New York

Online-Angebote oder elektronische Ausgaben sind erhältlich
unter www.utb-shop.de

Bibliografische Informationen der Deutschen Nationalbibliothek
Die Deutsche Nationalbibliothek verzeichnet diese Publikation in der Deutschen Nationalbibliografie; detaillierte bibliografische Daten sind im Internet über http://dnb.dnb.de abrufbar.

utb 4679
Print-ISBN 978-3-8252-4679-2
E-Book-ISBN 978-3-8385-4679-7

www.waxmann.com
info@waxmann.com

Einbandgestaltung: Atelier Reichert, Stuttgart
Einbandmotiv: Anne Breitenbach, Münster
Satz: Stoddart Satz- und Layoutservice, Münster
Druck: Friedrich Pustet GmbH & Co. KG, Regensburg

Gedruckt auf alterungsbeständigem Papier,
säurefrei gemäß ISO 9706

Printed in Germany

Inhalt

1. Einleitung

„Wie lernen Menschen und wie kann man ihnen dabei helfen?" Das sollte ein zentrales Interesse der Pädagogik sein. Die Frage stammt aber aus einem Lehrbuch zur Pädagogischen Psychologie (Hasselhorn/Gold [2]2009, S. 7). Das ist kein Zufall, denn die Pädagogik hat sich in der Vergangenheit weniger damit beschäftigt, wie Menschen lernen, sondern damit, wie Menschen lernen *sollen*. Die Beantwortung der oben genannten Frage hat sie dagegen weitgehend der (Pädagogischen) Psychologie überlassen. Was eine fruchtbare Arbeitsteilung hätte werden können, hat sich allerdings zu einem stabilen und unvermittelten Nebeneinander unterschiedlicher Interessen, Fragestellungen und Methoden entwickelt. Pädagogische Konzepte, die sich damit befassen, welche Lernprozesse gefördert werden sollten und wie dies geschehen kann, greifen üblicherweise kaum auf empirisches Wissen über das Lernen, wie es die Lehr-Lernforschung bereitstellt, zurück und behandeln theoretisch die Gestaltung von Unterricht. Umgekehrt ist die psychologische und auch die neuere erziehungswissenschaftliche Lehr-Lernforschung überwiegend frei von den Überlegungen, die traditionell in der pädagogischen Diskussion eine große Rolle spielen, etwa erkenntnistheoretische und ethische Fragen, Fragen zur Funktion und Gestaltung von Schule, zur Auswahl von Inhalten, wünschenswerten Lehrer-Schüler-Beziehungen und gutem Unterricht. Terhart (2002) hat das Verhältnis insbesondere der Didaktik zur Lehr-Lernforschung in einem Aufsatztitel einmal so charakterisiert: „Fremde Schwestern. Zum Verhältnis von Allgemeiner Didaktik und empirischer Lehr-Lernforschung". Diese Fremdheit ist nicht mit ein paar einfachen Korrekturen zu beheben, weil zu den Ursachen auch gehört, dass sich dabei typischerweise Vertreter eher geistes- und eher naturwissenschaftlicher Wissenschaftstraditionen mit deutlich verschiedenen Wissenschaftsidealen und -praxen gegenüberstehen.

Dass bisher die theoretische und empirische Beschäftigung mit Lehr- und Lernprozessen wenig abgestimmt stattgefunden hat, muss allerdings nicht daran hindern, sich auch aus pädagogischer Perspektive für Antworten auf die Eingangsfrage zu interessieren. Das soll hier geschehen. Dabei ist der Bezugspunkt durchgängig das Lernen im Schulunterricht, nicht das Lernen an sich. Ausgehend von der Arbeitssituation in der Schule soll gefragt werden, wie das pädagogische Handeln nicht nur reflektierter, sondern durch die empirische Lehr-Lernforschung auch empirisch fundierter werden kann.

2. Der Rahmen: Die Schule

Die eingangs formulierte Frage danach, wie Menschen lernen und wie man ihnen dabei helfen kann, muss hier präzisiert werden: Es geht darum, wie Menschen *in der Schule* lernen und wie man ihnen dabei helfen kann. Zwar ändert sich dadurch nicht grundsätzlich etwas daran, wie Lernprozesse ablaufen, sie laufen aber in der Schule unter besonderen Bedingungen ab. Manche verlaufen anders als erwartet, manche werden erleichtert oder überhaupt erst möglich, andere be- oder verhindert. Wesentliche Merkmale dieser Bedingungen bringt Kästner in seiner „Ansprache zum Schulbeginn“ auf den Punkt:

> „Liebe Kinder,
> da sitzt ihr nun, alphabetisch oder nach der Größe sortiert, zum erstenmal auf diesen harten Bänken, und hoffentlich liegt es nur an der Jahreszeit, wenn ihr mich an braune und blonde, zum Dörren aufgefädelte Steinpilze erinnert. Statt an Glückspilze wie sich's eigentlich gehörte. Manche von euch rutschen unruhig hin und her, als säßen sie auf Herdplatten. Andre hocken wie angeleimt an ihren Plätzen. Einige kichern blöde und der Rotschopf in der dritten Reihe starrt, Gänsehaut im Blick, auf die schwarze Wandtafel, als sähe er in eine sehr düstere Zukunft. Euch ist bänglich zumute, und man kann nicht sagen, daß euer Instinkt tröge. Eure Stunde X hat geschlagen. Die Familie gibt euch zögernd her und weiht euch dem Staate. Das Leben nach der Uhr beginnt, und es wird erst mit dem Leben selber aufhören. Das aus Ziffern und Paragraphen, Rangordnung und Stundenplan eng und enger sich spinnende Netz umgarnt nun auch euch. Seit ihr hier sitzt, gehört ihr zu einer bestimmten Klasse. Noch dazu zur untersten. Der Klassenkampf und die Jahre der Prüfungen stehen bevor. Früchtchen seid ihr, und Spalierobst müßt ihr werden! Aufgeweckt wart ihr bis heute, und einwecken wird man euch ab morgen! So, wie man's mit uns getan hat. Vom Baum des Lebens in die Konservenfabrik der Zivilisation, – das ist der Weg, der vor euch liegt. Kein Wunder, daß eure Verlegenheit größer ist als eure Neugierde.“ (1972, S. 233)

Sieht man von der gewollten Zuspitzung ab, lässt sich Kästners Ansprache als eine brauchbare Kurzdarstellung der Charakteristika der Schule und des Lernens in ihr lesen. Systematisiert sind mit Blick auf die Besonderheiten des Lernens in der Schule folgende Punkte zu unterscheiden. Lernen ist in der Schule

Bedingungen schulischen Lernens

- alltagsfern,
- planmäßig,
- unfreiwillig,
- anonymisiert,
- folgenreich.

Diese Aufzählung liest sich zunächst wie eine Schreckensdarstellung, ist aber nicht so gemeint. Das ist zu erläutern.

Alltags-/Lebensferne

Schulen sind Institutionen, die der heranwachsenden Generation vermitteln sollen, was man als vollwertiges Mitglied der Gemeinschaft wissen, können und fühlen soll. Es gibt sie deshalb, weil das allein beiläufig oder durch andere Einflüsse (wie z.B. das Elternhaus) nicht ausreichend gewährleistet ist. Schulen dienen also der Kompensation; Alltags- und Lebensferne ist daher zu einem gewissen Grade ihr Programm, kein Defizit. Was das Lernen betrifft, bedeutet das, dass die Schule prinzipiell die Schüler nicht nur einfach in dem bestätigt, was sie schon sind und können – das wäre dann keine Schule. Sie wirkt vielmehr verstörend. Im günstigen Fall kann das anregend, im weniger günstigen unbequem oder sogar bedrohlich für die Schüler sein. Ein Beispiel für den letztgenannten Fall: Schüler können durch das, was sie in der Schule lernen, in ein Spannungsverhältnis zu ihrem Herkunftsmilieu geraten und ihrer Familie entfremdet werden, wenn sie etwa sogenannten bildungsfernen Schichten entstammen oder einen anderen kulturellen Hintergrund haben.

Planmäßigkeit

Aus der Diskussion zum heimlichen Lehrplan stammt die vielzitierte Formulierung von Jackson:

> „Schule ist ein Ort, wo die Dinge oft stattfinden, weil die Zeit dafür da ist, und nicht, weil's die Menschen danach verlangt." (1973, S. 19)

Dem kann mit Herbart ([5]1976) entgegengehalten werden, dass es gerade Sinn und spezifische Leistung der Schule ist, Dinge zum Zweck des Lernens zu strukturieren und aufzubereiten. Und das bedeutet auch, Dinge nach ihrer Systematik anzugehen, und nicht nach der der Schüler. Dem lässt sich weiter entgegenhalten, dass Jacksons Feststellung für Gruppenprozesse generell gilt: Das Individuum verliert teilweise die Kontrolle darüber, was wann und wie geschieht. Mit diesen Hinweisen soll der prinzipielle Schulzweck in Erinnerung gebracht, nicht aber der planmäßigen Vernachlässigung der Voraussetzungen und Wünsche der Schüler das Wort geredet werden. Für das Lernen ergeben sich allerdings Grenzen der Flexibilität und Individualisierung, und damit notwendig Enttäuschungen und unzeitgemäße Zumutungen für die Schüler. Das gilt für jede pädagogische Maßnahme, sei sie noch so gut gemeint.

Zwang/Unfreiwilligkeit

In schulkritischen Texten wurde in den siebziger Jahren des 20. Jahrhunderts häufig der Vergleich mit totalitären Institutionen wie Gefängnissen oder psychiatrischen Kliniken verwendet (vgl. Goffman 1972). Richtig daran ist, dass die Schüler nicht freiwillig Mitglieder der Institution Schule sind, ihr Erscheinen gesetzlich erzwungen werden kann und ihr Verhalten in der Institution überwacht und gelenkt wird. In Diskussionen darüber, welches Lernen in der Schule möglich ist, wird dieser Aspekt häufiger vergessen. Auch wenn der Zwangscharakter der Schule nicht offensichtlich wird, sondern eher implizit bleibt und vielleicht sogar in einen freundlichen Umgang eingebettet ist, ändert das nichts daran, dass die Schüler nicht aus freien Stücken an ihren Veranstaltungen teilnehmen. Auf das Lernen bezogen: Die Schüler sind nicht da, weil sie etwas lernen wollen, sondern weil sie etwas lernen sollen. Daher ist es naheliegend, wie Trapp es bereits 1780 empfiehlt, dass man sich bei dem Schüler vorsichtshalber eine gewisse „Abneigung oder wenigstens Gleichgültigkeit gegen das vorstelle, was er tun soll" (1913, S. 91). Das gilt auch für menschenfreundlich gemeinte Innovationen der Pädagogen, die den Schülern etwa Gruppenarbeit, Selbstverantwortung usw. anbieten.

In Befragungen zeigen Schüler immer wieder, dass ihnen der Zwangscharakter ihres Aufenthaltes in der Schule sehr wohl bewusst ist. Das wird spätestens dann deutlich und für die Lehrer-Schüler-Interaktion relevant, wenn es darum geht, was man aus ihrer Sicht von ihnen erwarten darf und was vom Lehrer. Aus Schülersicht fällt ihr eigenes Benehmen in die Zuständigkeit des Lehrers. Es ist seine Aufgabe, dafür zu sorgen, dass sie mitarbeiten und nicht stören – denn schließlich ist er freiwillig in der Schule!

Anonymität

Schulklassen sind altershomogene Gruppen, die, kritisch betrachtet, durch die Menge der Schüler verhindern, dass der Lehrer auf die Bedürfnisse der einzelnen Schüler eingehen kann. Was das Lernen betrifft, bedeutet der Kontext der Schulklasse, dass die Lernmöglichkeiten immer nur für einen Teil der Schüler passend sind. Für die Kommunikation mit dem Lehrer bedeutet der Unterricht in der Gruppe, dass der einzelne Schüler nur wenig Aufmerksamkeit erhalten kann und überwiegend als Teil der Gruppe angesprochen wird. Spezielle Interessen oder auch Lernschwierigkeiten können so nur begrenzt berücksichtigt oder auch nur wahrgenommen werden.

Folgen

Die Schule verteilt Berechtigungen, die lebenswichtig sind. Entsprechend ist es nicht nebensächlich, wie man als Schüler mit ihren Lernangeboten und -zumutungen umgeht. Es ist daher nicht ganz unwichtig, daran zu erinnern, dass Schüler oft nur deshalb und so weit mitmachen, was die Schule von ihnen fordert, weil sie Sanktionen vermeiden wollen.

Dass Schüler mitunter sogar wollen, was sie wollen sollen, kommt vor. Dass sie ihre Arbeitskraft kalkulatorisch einbringen, dosieren und Interesse simulieren, aber auch. Und dieser Zugang kann unter den Bedingungen der Schule durchaus als reif gelten.

Wie die hier nur grob umrissenen Rahmenbedingungen das Lernen in der Schule beeinflussen, wird im Folgenden noch weiter und konkreter zu behandeln sein. Hier soll dieser kurze Überblick vor allem in Erinnerung bringen, dass es nicht um Lehren und Lernen *an sich* geht, sondern um *Lehren und Lernen unter den Bedingungen der Institution Schule*. Was spontan, individuell, spielerisch und freiwillig anderswo möglich ist, stößt in der Schule an institutionelle Grenzen.

Merke!

Weiterführende Literatur

Fend, H. (1980): Theorie der Schule. München (Urban & Schwarzenberg).

Grunder, H./Schweitzer, F. (Hrsg.) (1999): Texte zur Theorie der Schule. Weinheim/München (Juventa).

3. Die Voraussetzungen

Die Adressaten der Pädagogen sind keine unbeschriebenen Blätter – auch wenn sich Pädagogen häufig verhalten, als wären sie es. Schüler, von denen hier speziell die Rede ist, haben bereits eine jahrelange körperliche und psychische Entwicklung hinter sich und sie besitzen außerschulische und (in der Sekundarstufe) schulische Erfahrungen. Zu dieser Vielfalt von Einflüssen, die während der Schulzeit nebenher natürlich weiter wirksam sind, kommen die Lehrer mit Beginn der Schulzeit als weitere Einflüsse nur hinzu.

Unabhängig davon, wie optimistisch oder pessimistisch und mit welchen Motiven man die Voraussetzungen der Schüler betrachtet, ist zu klären, was Schüler biologisch oder sozial quasi schon als „Ausstattung" oder „Erbe" mitbringen und was sie auf der Basis dieser Voraussetzungen in der Schule lernen sollen und können.

Was Lehrer über die Voraussetzungen ihrer Schüler wissen sollten, hängt von ihrer Vorstellung von gutem Unterricht ab und es unterscheidet sich natürlich im Deutsch- und im Sportunterricht. Darauf, was im jeweiligen Spezialfall relevant sein mag, kann hier nicht eingegangen werden. Die folgende Darstellung muss sich auf grundsätzlichere Zugänge beschränken:

Anlage und Umwelt

In der Vergangenheit ist eine gängige Unterscheidung der relevanten Entwicklungseinflüsse die zwischen Anlage und Umwelt gewesen (vgl. Klauer 2001). Dabei steht die Anlage für eine genetisch gesetzte Grenze der „Bildsamkeit" (Herbart 1976), die nicht zu beeinflussen ist, sondern nur zur Kenntnis genommen und in pädagogischen Maßnahmen berücksichtigt werden kann. Umwelt steht demgegenüber für den prinzipiell variablen und beeinflussbaren Anteil. Dabei ist allerdings zu berücksichtigen, dass *prinzipiell beeinflussbar* nicht schon automatisch bedeutet: *von Lehrern* beeinflussbar. Die meisten dieser Umweltbedingungen, wie etwa die Familienverhältnisse der Schüler, sind für Lehrer vielmehr ähnlich wie Anlagebedingungen zu berücksichtigen, also nicht veränderbar. Die Unterscheidung zwischen Anlage und Umwelt hat also im Hinblick auf das pädagogische Handeln vor allem eine systematische Funktion.

3.1 Anlage und Reifung

> „Ein Tier ist schon alles durch seinen Instinkt; eine fremde Vernunft hat bereits alles für dasselbe besorgt. Der Mensch aber braucht eigene Vernunft. Er hat keinen Instinkt, und muß sich selbst den Plan seines Verhaltens machen. Weil er aber nicht sogleich imstande ist, dieses zu tun, sondern roh auf die Welt kommt: so müssen es andere für ihn tun." (Kant 1963, S. 9)

Die für Pädagogen interessante Frage ist dabei: *wie* roh? Auf welche Instinktreste, Reflexe, Sinnesmodalitäten und -grenzen, Entwicklungs- und Reifungsmuster muss sich pädagogisches Handeln einstellen?

Anlagebedingtes Verhalten

Neugeborene verfügen noch über zahlreiche Reflexe, die allerdings bei normaler Entwicklung bereits innerhalb der ersten Wochen und Monate verschwinden (vgl. Berk [3]2005, S. 136). Daneben gibt es typische Reifungsprozesse. Wenn man nach spezifischen Veränderungen fragt, die anlagedeterminiert ablaufen und sich pädagogischer Einflussnahme entziehen, lassen sich derartige Reifungsvorgänge durchaus benennen. Sie werden aber mit zunehmendem Alter seltener und stehen in einer immer stärkeren Wechselwirkung mit Umwelteinflüssen. Zum Beginn der Schulzeit und erst recht zum Beginn der Sekundarschulzeit sind die meisten Reifungsprozesse längst abgeschlossen.

Geschlechtsreife und Körperwachstum

Als wesentliche anlagebedingte Reifeprozesse bleiben die Geschlechtsreife und das Körperwachstum, die – mit erheblichen individuellen Schwankungen – bei Mädchen im Schnitt ca. 2 Jahre früher als bei Jungen eintreten. Die durch diese körperlichen Veränderungen bedingten Irritationen, (Neu-)Orientierungs- und Verhaltensprobleme bleiben natürlich nicht folgenlos für die Möglichkeiten pädagogischen Handelns. In der Pubertät verliert die schulische Arbeit für die Heranwachsenden häufig massiv, mitunter demonstrativ, an Bedeutung, etwa im Vergleich mit den sozialen Prozessen in der Peergroup. Diese Verschiebung der Prioritäten muss bei den Versuchen, Lernen zu fördern, berücksichtigt werden.

Typische Entwicklungsverläufe

Neben dem Versuch, typische anlagebedingte Veränderungen zu identifizieren, hat es den Versuch gegeben, Sequenzen in Entwicklungs- und Reifungsprozessen zu identifizieren. Oerter ([11]1972, S. 54f.)[1] unterscheidet drei Modelle, die Entwicklung als Kontinuum, als Abfolge von diskontinuierlichen Phasen und als Differenzierung beschreiben.

1. Kontinuitätsmodell nach Oerter

Das Kontinuitätsmodell beschreibt, wie der Name schon sagt, Entwicklung als zunehmende Ausformung von Merkmalen, Verhaltensweisen, Kompetenzen und Eigenschaften. Im einfachsten Fall kann man hier an das Größenwachstum denken. Auch Wissens- und Intelligenzentwicklung werden häufig im Rahmen dieses Modells betrachtet. Entwicklung besteht dabei vor allem im Zuwachs von etwas, ähnlich dem Bau eines Hauses, das Stein für Stein wächst.

2. Phasenmodell nach Oerter

Das Phasenmodell versteht Entwicklung dagegen als einen diskontinuierlichen Vorgang, der von Brüchen zwischen Phasen gekennzeichnet ist, in denen jeweils ganz unterschiedliche Aufgaben zu bewältigen sind (vgl. z.B. Berk [3]2005, S. 34ff.). Zwei Phasenmodelle, auf die in der Pädagogischen Psychologie Bezug genommen wird (vgl. z.B. Woolfork [10]2008), sollen kurz vorgestellt werden. Im ersten Fall, dem Modell von Piaget, geht es um Phasen kognitiver Entwicklung, im zweiten Fall, dem Modell von Erikson, um Phasen der Persönlichkeitsentwicklung.

Piaget

Piaget interessierte sich für die Besonderheiten der geistigen Welt des Kindes und ihre Entwicklung. Er kommt nach seinen Untersuchungen letztlich zu einer Differenzierung der folgenden Stufen der kognitiven Entwicklung, die er bestimmten Lebensaltern zuordnet.

---

1 Eine ausführlichere Darstellung von Stufen- und Stadienmodellen findet sich ebd., S. 56ff.

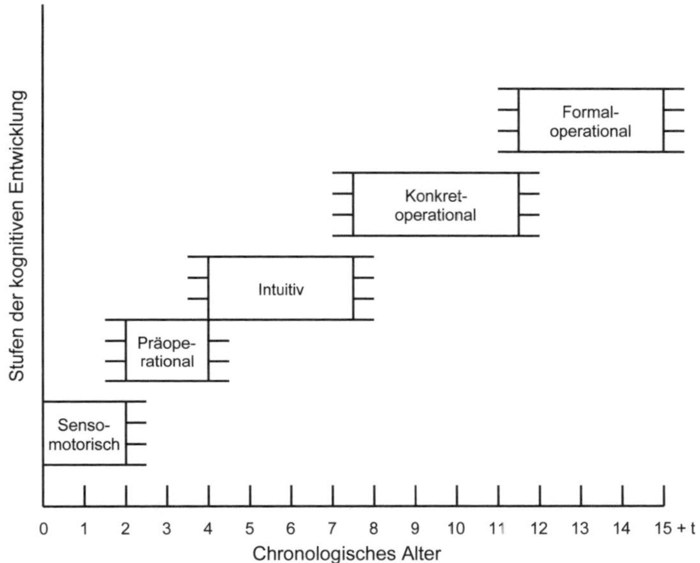

Abbildung 1: Kognitive Entwicklung nach Piaget (Gage/Berliner 1996, S. 104)

Phasen kognitiver Entwicklung

Für die Sekundarstufe wäre nach Piaget vor allem der Übergang von der konkret- zur formal-operationalen Stufe relevant. Bei diesem Übergang geht es um die Fähigkeit zu abstrakterem und hypothetischerem Denken.

Solange dieses Modell zur Sensibilisierung dafür dient, dass Kinder anders als Erwachsene denken, hilft es einerseits, den anderen Zugang der Kinder zu verstehen, und andererseits, sich als Erwachsener angemessener, d.h. den Möglichkeiten des Kindes entsprechender zu verhalten. Wer allerdings von Piaget präzise und sichere Aussagen zur kognitiven Entwicklung erwartet, die das pädagogische Handeln leiten könnten, wird enttäuscht – auch wenn in manchen Darstellungen der Eindruck erweckt wird, eine derartige rezeptologische Nutzung sei möglich:

- Zunächst ist die empirische Absicherung der von Piaget unterschiedenen kognitiven Prozesse bei Kindern unbefriedigend, was in der Rezeption seiner Arbeiten auch überwiegend als Problem angesprochen wird.
- Untersuchungen, die die von Piaget verwendeten Aufgabenstellungen variieren, kommen zu anderen Ergebnissen als er.

Die Kompetenzen, die bei den Kindern überprüft werden, sind also aufgabenspezifisch unterschiedlich (vgl. z.B. Berk [3]2005, S. 299).

- Weiter scheint es so zu sein, dass die Annahme eines Nacheinander der Phasen vereinfachend ist und neben allmählichen Übergängen ein Nebeneinander verschiedener kognitiver Verarbeitungsformen angenommen werden sollte (vgl. z.B. Woolfolk/Perry 2012, S. 483).
- Schließlich scheint es sich nicht um universale Entwicklungsgesetzmäßigkeiten zu handeln, sondern um Prozesse, die zumindest in ihrer Ausprägung von den spezifischen Lernmöglichkeiten und Forderungen des jeweiligen Milieus abhängig sind (vgl. ebd.). Zu beachten ist auch, dass formal-operationales Denken nicht in allen Kulturen gleichermaßen üblich ist und entsprechend unterschiedlich erwartet und gefördert wird.

Erikson

Phasen der Persönlichkeitsentwicklung

Auf der Basis psychoanalytischer Annahmen zur Persönlichkeitsentwicklung formuliert Erikson ein Phasenmodell der Identitätsentwicklung, das die Krisen in dieser Entwicklung und die Aufgaben beschreibt, mit denen sich der Heranwachsende konfrontiert sieht.

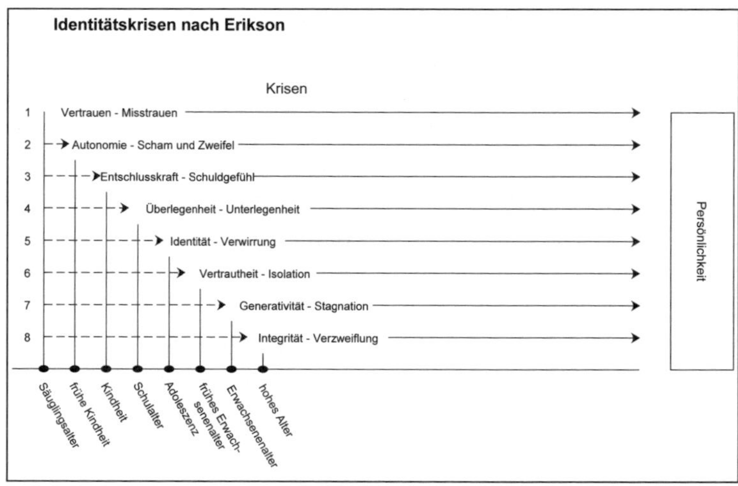

Abbildung 2: Entwicklungsaufgaben nach Erikson (Gage/Berliner 1996, S. 138)

Wieder besteht ein wesentlicher Nutzen dieses Modells darin, die Erwachsenensicht zu verlassen und für spezifische Problem- und Interessenschwerpunkte in verschiedenen Phasen der Entwicklung zu sensibilisieren. Zu beachten sind dabei allerdings die folgenden Einschränkungen:

- Die Abfolge von Krisen, die Erikson beschreibt, basiert auf einer psychoanalytischen Persönlichkeitstheorie und sie ergibt vor dem Hintergrund anderer Theorien nur bedingt Sinn.
- Die für psychoanalytisch basierte Konzepte typische begriffliche Unschärfe macht es zudem nahezu unmöglich, durch empirische Untersuchungen zu belegen, ob die von Erikson behaupteten Krisen tatsächlich existieren. Weder gibt es präzise Indikatoren etwa für das Vorliegen von Verwirrung in der Adoleszenz, noch Maßstäbe, mit denen sich angeben ließe, wie weit die Spannung von Identität und Verwirrung diese Altersphase bestimmt.
- Weiter ist, wie im Falle Piagets, anzumerken, dass wenig für ein klares lineares Nacheinander dieser Entwicklungskrisen spricht. Die angesprochenen Krisen können also durchaus früher, später, wiederholt und auch gleichzeitig auftreten.
- Schließlich ist auch hier wieder die Kulturabhängigkeit der Persönlichkeitsentwicklung zu berücksichtigen. Was eine ‚normale' Entwicklung ist und welche Krisen erfahren werden, hängt auch davon ab, wie und wo man aufwächst.

3. Modell als Differenzierung nach Oerter

Das dritte Modell verbindet in gewisser Weise die beiden vorangegangenen Modelle, indem es zwar unterschiedliche Phasen annimmt, aber davon ausgeht, dass es im Wandel eine Kontinuität gibt, die darin besteht, dass die Inhalte früherer Phasen in differenzierterer Form in späteren erhalten bleiben.

Ein derartiges Modell benutzt z.B. Lewin (1954), um zu zeigen, wie sich im Bewusstsein von Kindern die Selbstwahrnehmung und die Wahrnehmung von Vergangenheit und Zukunft im Laufe der Entwicklung verändern. In diesem Modell (s. Abbildung 3) werden folgende Aspekte veranschaulicht:

- *Die Ausdehnung des Zeithorizonts*
  Mit zunehmendem Alter bezieht das Kind nicht nur die angewachsene Vergangenheit ein, sondern berücksichtigt auch die unmittelbare und die fernere Zukunft.
- *Die Differenzierung der Wahrnehmung*
  Was wichtig ist, verändert sich ebenso, und wird vielfältiger. Gegenüber der ursprünglichen Selbstbezogenheit entwickelt sich eine facettenreiche Wahrnehmung der Außenwelt.
- *Die Zunahme der irrealen Anteile (Zukunft)*
  Zunächst lebt das Kind in einer konkreten Welt. Dort gibt es reale Erfahrungen aus Gegenwart und Vergangenheit. Was hypothetisch ist, sein kann und wird, spielt dabei keine Rolle. Das ändert sich, so dass zunehmend Erwartungen und Pläne bezogen auf mögliche Zukünfte wichtig werden.

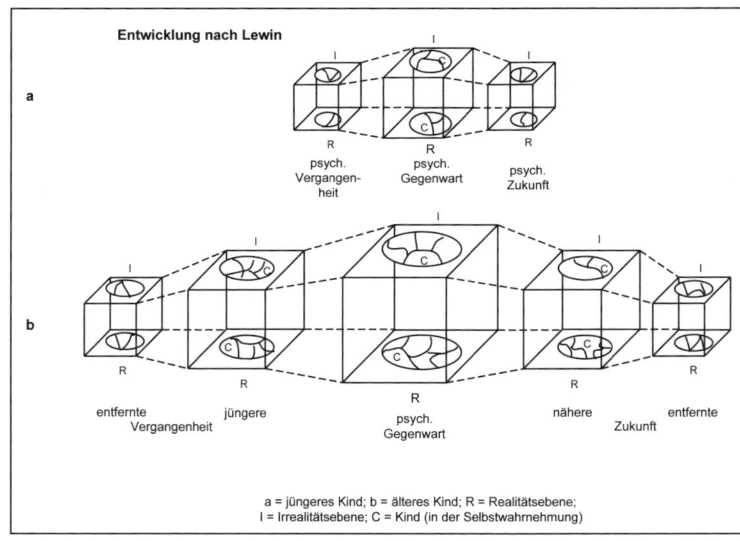

Abbildung 3: Entwicklung nach Lewin (Oerter 1973, S. 23)

In diesem Modell Lewins gibt es neben der Veränderung der Inhalte und der Schwerpunkte gleichzeitig eine Stabilität, die die Integrität der Person über die Zeit sichert.

Merke!

Zusammenfassend lässt sich zu den angesprochenen Phasenmodellen festhalten: Modelle sind unverzichtbar, wenn Einzelwahrnehmungen Sinn ergeben sollen – das gilt im Alltag genauso wie in der Wissenschaft. Es ist allerdings wichtig zu beachten, was die Modelle leisten sollen und können und was nicht. Um unzulässige Vereinfachungen zu vermeiden, sollte zunächst im Blick behalten werden, dass natürlich jedes Modell theorieabhängig ist und damit selektiv einen bestimmten Blickwinkel zur Beschreibung der Wirklichkeit nutzt. Weiterhin ist zu beachten, dass jedes dieser Modelle die Vielfalt empirischer Phänomene idealtypisch und stark vereinfacht.

3.2 Sozialisation (soziokulturelle Prägung)

Sieht man von massiven psycho-physischen Beeinträchtigungen ab, dürften für die pädagogische Arbeit in der Sekundarschule die Umwelteinflüsse, denen Schüler vor und neben der Schule ausgesetzt waren und sind, im Vergleich zu den anlagebedingten Einflüssen eine wesentlich höhere Bedeutung haben.

Schule hatte und hat den Zweck, die heranwachsende Generation in grundlegende Wissensbestände und Kulturtechniken der Gesellschaft einzuführen, und zwar deshalb, weil dies anderen Institutionen oder dem Lernen durch Erfahrung und Umgang im Alltag nicht zugetraut wurde und wird. Schule steht als Kompensationsinstitution also von Beginn an in einem Spannungsverhältnis zu anderen Sozialisationsinstanzen: Was Heranwachsende außerhalb der Schule schon lernen können, ob das, was gelernt wird, und wie es gelernt wird, dem Zweck der Schule entspricht oder nicht, ist eine immer wieder neu zu stellende Frage. Im Überblick lassen sich die verschiedenen Einflüsse, die sich letztlich auf die Schulleistung auswirken, mit Helmke und Weinert (1997, S. 86) so darstellen:

Einflussfaktoren auf Schulleistung

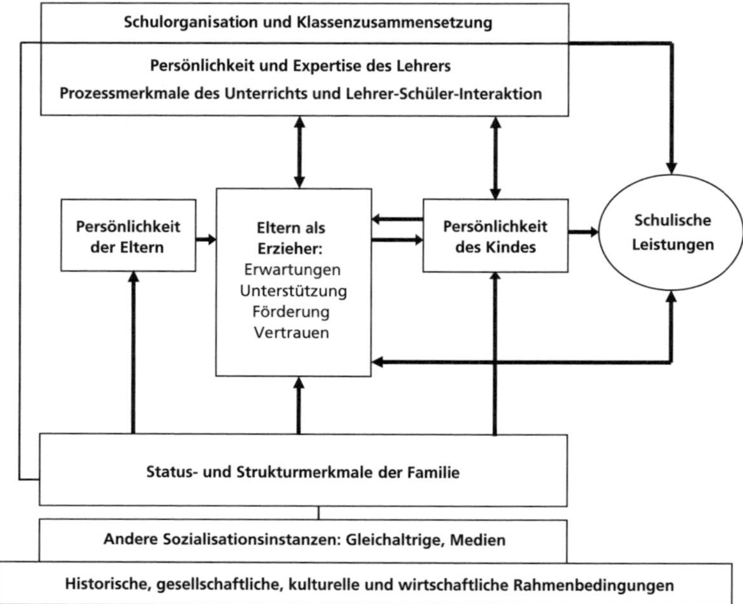

Abbildung 4: Einflüsse auf die Schulleistung nach Helmke/Weinert (1997, S. 86)

Historisch haben die im Schaubild dargestellten Einflüsse unterschiedliche Beachtung gefunden; manche haben überhaupt erst im Laufe der Geschichte Bedeutung gewonnen, so etwa die Gleichaltrigengruppe im Kontext der Reformpädagogik zu Beginn des 20. Jahrhunderts und die (neuen) Medien ab den 70er Jahren des vergangenen Jahrhunderts. Im Folgenden soll es vor allem um die Einflüsse gehen, die aktuell im Zentrum des Interesses stehen: die Eltern und die Medien.

Eltern

Zur Zeit der Einführung der Schulpflicht stand insbesondere die Volksschule in einem Spannungsverhältnis zum Elternhaus: Die Schule sollte leisten, wozu die Eltern weder willens noch fähig waren. In der Braunschweigischen Schulordnung von 1753 heißt es:

> „Nicht alle, ja die wenigsten Eltern sind selbst imstande, ihre Kinder so zu unterrichten, wie es ihre Pflicht mit sich bringt und die Wohlfahrt der Kinder erfordert. Sie haben entweder die dazu notwendige Fähigkeit nicht, oder die äußeren Umstände, in welchen sie stehen, halten sie davon ab und hindern sie an diesem wichtigen und nötigen Geschäfte. (…) Schulen sind also notwendig, und ihre Notwendigkeit gründet sich teils auf die Unfähigkeit einiger Eltern, das zu tun, was sie doch zu tun schuldig sind, teils auf die Unmöglichkeit, die sich bei anderen findet, dieses Geschäft vorzunehmen, wenn sie gleich die nötige Fähigkeit und Geschicklichkeit haben." (Dietrich/Klink [2]1972, S. 139)

Die Schule stellte quasi einen Gegenentwurf zu dem Denken dar, das den Schülern (und ihren Eltern) außerschulisch vertraut war.

Im Gymnasium, wie es sich im Laufe des 19. Jahrhunderts als selektive Standesschule entwickelte, war die Situation gänzlich anders. Hier konnte sich die Schule darauf verlassen, dass ihre Schüler durch das Elternhaus bereits schulförmig sozialisiert waren und die Ziele der Schule auch durch das Elternhaus unterstützt wurden. Das galt und gilt ähnlich für Reformschulen mit einer pädagogisch besonders interessierten Elternschaft.

Die Situation des Gymnasiums stellt sich heute aber in zwei Hinsichten anders dar. Ein Ergebnis der sogenannten Ausschöpfung der Begabungsreserven im Gefolge der Bildungsreform der 70er Jahre des 20. Jahrhunderts besteht darin, dass heute das Gymnasium zur Hauptschule, also zur meistbesuchten Schule, geworden ist und die Hauptschule zur „Restschule". Entsprechend ist die Schülerschaft des Gymnasiums heterogener geworden und schließt auch viele Schüler aus sogenannten „bildungsfernen" Schichten ein. Gemeint ist damit: Man interessiert sich im Herkunftsmilieu der Schüler nicht für das, was in der Schule wichtig ist, man redet und denkt anders, als es die Schule verlangt.

Eine weitere Differenzierung ist erforderlich: Mit zunehmender multikultureller Prägung der Gesellschaft fehlt zunehmend eine „Leitkultur", die Bildung verbindlich festlegt. Es gibt zunehmend verschiedene Möglichkeiten, gebildet zu sein. „Bildungsfern" heißt dann in vielen Fällen nur: Anders gebildet als in der deutschen Sekundarschule gewünscht.

Das bedeutet aber: Mit der Bildungswerbung und -expansion entsteht für Gymnasiallehrer eine Situation, in der sie sich für die Voraussetzungen ihrer Schüler interessieren und für das Angebot der Schule motivieren müssen. Für die Arbeit im Gymnasium ergeben sich damit als Anforderungen:

- Vermittlung basaler schulischer Denkweisen und Arbeitstechniken,
- Stiftung von motivierenden Sinnzusammenhängen für schulische Inhalte und
- Individualisierung von Angeboten, um heterogenen Voraussetzungen gerecht werden zu können.

Damit ist noch nichts über die konkrete Form schulischer Arbeit gesagt, sondern nur über die Differenzen zwischen schulischen Anforderungen und außerschulischer Sozialisation, die überbrückt werden müssen.

Medien

Wenn von der Sozialisationswirkung der Medien gesprochen wird, sind damit üblicherweise die neuen (elektronischen) Medien gemeint, sowohl die Hardware, Computer oder ähnliche Geräte (z.B. Spielekonsolen), als auch die Software, die auf ihnen genutzt wird. In den einschlägigen Erhebungen wird allerdings überwiegend nur festgehalten, wie oft jemand ein Medium nutzt, aber nicht wie und mit welcher Wirkung. Wenn von Wirkungen neuer Medien die Rede ist, geschieht dies häufig lautstark, begrifflich unscharf und ohne ausreichende empirische Basis. Vereinfachend erscheinen dann die Heranwachsenden durch die Mediennutzung als gewalttätig, autistisch, dumm und geistig beschränkt, aktuell etwa unter dem reißerischen Titel „Digitale Demenz" (Spitzer 2012).

Welche Wirkung welche Mediennutzung langfristig im Alltagsleben hat, nicht in Laborsituationen für kurze Zeit, ist aber weitestgehend unklar. Das gilt z.B. für die seit vielen Jahren befürchtete gewaltfördernde Wirkung zunächst des Fernsehens und dann der Computerspiele sowie für das Verkümmern sozialer oder geistiger Fähigkeiten.

Auf Plausibilitätsebene lässt sich allerdings immerhin dieses annehmen: Die neuen Medien, insbesondere das Internet, setzen fort, was Postman (1988) u.a. im Hinblick auf das Fernsehen beschrieben und problematisiert hat: Wir werden zunehmend mit unverbundenen Informationssplittern überflutet, die nicht mehr als „gemachte" Informationen erscheinen. Weder erfahren wir üblicherweise etwas darüber, in welchem Kontext diese Informationen entstanden sind oder in welchen Schritten sie warum so verarbeitet wurden, wie sie den Konsumenten zur Verfügung stehen, noch, dass und wie konkrete Personen für sie verantwortlich sind. Solche geschichtslosen Fertigprodukte lassen nicht mehr erkennen, dass es Zeit gekostet und Mühe gemacht hat, um sie herzustellen, und vor allem, dass es auch Alternativen gegeben hätte. Sie zeigen nicht, wie man so etwas selber machen könnte, und regen nicht dazu an. So besteht die Gefahr, dass in der Auseinandersetzung mit Informationen eine Haltung gefördert wird, unter den vielen auf dem Informationsmarkt verfügbaren Wahrheiten dann eben die lustigste und bunteste auszuwählen.

Wenn die Lernerfahrungen tatsächlich in der angenommenen Richtung liegen, ist erkennbar, dass Schüler von dem, was die Schule von ihnen erwartet, u.a. bedingt durch die Nutzung neuer Medien, weiter entfernt sind als das früher der Fall war. Das bedeutet: Sie müssen um- und nachlernen, weil sie Voraussetzungen mitbringen, die von der Schule nicht gefragt und genutzt werden, während schulförmige Voraussetzungen durch die Medien mit einiger Sicherheit eher nicht gefördert werden. Darauf wird in Kapitel 4.1 (Lernen als Gewöhnung) noch eingegangen.

4. Lernen

Wissen und Fertigkeiten werden nur zu einem Teil „geerbt“, durch die genetische Grundausstattung und genetisch gesteuerte Entwicklung und Reifung erworben. Allgemein lässt sich formulieren, dass mit der Höhe der Entwicklung einer Art die Festlegung durch die anlagebedingte Ausstattung abnimmt und eine durch Umwelteinflüsse angeregte flexiblere und vielgestaltigere Entwicklung möglich (und notwendig) wird.

Lernen definiert als …

Die Veränderungen, die nicht durch genetische Faktoren determiniert sind, werden üblicherweise als „Lernen“ bezeichnet. Was man genau unter „Lernen“ verstanden wissen will, ist eine Frage der Definition, also einer Vereinbarung. Wie der Begriff „Lernen“ definiert wird, ist dabei nicht eine Frage von Wahrheit und Richtigkeit, sondern der Brauchbarkeit.

Die zahlreichen Lerndefinitionen können idealtypisch drei Typen zugeordnet werden:

- Lernen als Veränderung von äußerem Verhalten
- Lernen als Veränderung von inneren Prozessen
- Lernen als Veränderung von inneren Prozessen und äußerem Verhalten

… Veränderung des äußeren Verhaltens

Wenn Lernen als Veränderung äußeren Verhaltens definiert wird, hat das mehrere Vorteile: Man kann mit diesem Lernbegriff gleichermaßen über Menschen und Tiere reden. Das erleichtert die artenübergreifende und -vergleichende Betrachtung und Untersuchung und man konzentriert sich auf konkret beobachtbare, intersubjektiv zugängliche Phänomene. Die bekannte Definition von Hilgard und Bower (1971) ist hier die Vorlage für zahlreiche ähnliche Definitionen in dieser Tradition:

> „Lernen ist ein Vorgang, durch den eine Aktivität im Gefolge von Reaktionen des Organismus auf eine Umweltsituation entsteht oder verändert wird. Dies gilt jedoch nur, wenn sich die Art der Aktivitätsveränderung nicht auf der Grundlage angeborener Reaktionstendenzen, von Reifung oder von zeitweiligen organismischen Zuständen (z.B. Ermüdung, Drogen usw.) erklären läßt.“ (S. 16)

Die Betonung liegt hier auf der Veränderung der (beobachtbaren) Aktivität. Nun ist zwar richtig, dass man über innere Prozesse anderer Menschen (oder allgemeiner: anderer Lebewesen) nur etwas durch äußerlich beobachtbare Aktivitäten erfährt. Was jemand erlebt und denkt, müssen wir seinen verbalen und nonverbalen Äußerungen entnehmen. Durch Selbstbeobachtung wissen wir aber, dass es innere, psychische Aktivitäten gibt, die nicht notwendig zur Veränderung der beobachtbaren Aktivitäten führen. Wir nehmen kontinuierlich Informationen auf, beurteilen sie und ändern auf dieser Basis z.B. mehrfach unsere Pläne für den Tag. Ein Anderer erfährt von unseren nicht ausgeführten Plänen ebenso wenig wie von den Gründen, sie zu ändern. Beobachtbar ist nur das tatsächliche ausgeführte Verhalten, nicht seine möglicherweise höchst verschlungene und komplexe Entstehungsgeschichte. Eine Beschränkung auf den oben genannten Lernbegriff klammert diese inneren Vorgänge aus und behandelt letztlich Menschen nicht mit all ihren Möglichkeiten, sondern nur mit denen, die sie mit Tieren teilen.

… Veränderung des inneren Verhaltens

Ein Lernbegriff, der dagegen diese inneren Veränderungen betont, zieht eine Trennlinie zu den Tieren und fokussiert auf die spezifisch menschlichen Möglichkeiten. Damit werden auch Veränderungen von Kognitionen (etwa von Erwartungen, Plänen, Wünschen) zu Lernvorgängen, selbst wenn sie niemals zu beobachtbaren Aktivitäten führen. Das Problem der Lernbegriffe, die innere Vorgänge in den Vordergrund stellen, besteht darin, dass uns diese Vorgänge eben immer nur vermittelt bekannt sind und aus äußerem Verhalten erschlossen werden müssen. Diese Schlüsse sind prinzipiell unsicher und fehlerbehaftet.

… Veränderung des inneren und äußeren Verhaltens

Lernbegriffe, die innere und äußere Veränderungen integrieren, haben den Vorteil, dass sie menschliches Lernen in der Kontinuität mit dem Lernen anderer Arten sehen, aber auch die spezifisch menschlichen Möglichkeiten würdigen. Hier wird daher ein Lernbegriff verwendet, der gegenüber der Definition von Hilgard und Bower um innere Prozesse, das Denken und Erleben, erweitert ist:

> „Lernen“ bezeichnet eine relativ überdauernde Veränderung des Verhaltens, Denkens und Erlebens.

Mit der Entscheidung für einen weiten Lernbegriff werden also auch Lernprozesse berücksichtigt, die bereits bei Tieren feststellbar sind. Grundsätzlich ist es so, dass mit der Entwicklungshöhe die Variabilität des Verhaltens und die Flexibilität der Lernprozesse zunimmt, so dass bei höher entwickelten Arten Lernprozesse feststellbar sind, die niedriger entwickelte Arten nicht zeigen. Menschen verfügen also über Lernmöglichkeiten, die Würmer nicht haben. Wichtig ist aber auch, dass die Lernformen, über die andere Lebewesen, z.B. Würmer, verfügen, bei Menschen nicht gänzlich verschwunden sind, allerdings z.T. nur noch in abgeschwächter Ausprägung feststellbar sind.

4.1 Lernen als Gewöhnung (Habituation)

Habituation wird üblicherweise unter den Lernarten als eine primitive Form behandelt, zu der bereits einfache Lebewesen, wie z.B. Würmer, fähig sind.

> Habituation bedeutet, dass nach wiederholter Darbietung eine Gewöhnung an einen Reiz stattfindet und die zu Beginn gezeigte Reaktion auf diesen Reiz abgeschwächt wird oder wegfällt. Diese Gewöhnung ist reizspezifisch.

Dass bereits einfache Lebewesen zu diesem Lernen fähig sind, bedeutet allerdings nicht, dass es bei Menschen nicht mehr stattfindet oder unwichtig wäre (vgl. ausführlich: Mazur [5]2004, S. 25ff.).

In entwicklungspsychologischen Texten erscheint die Habituation im Zusammenhang mit orientierenden Reflexen (in der russischen Psychologie) bzw. dem Neugierverhalten (vgl. z.B. Oerter [11]1972, S. 136ff.). Bei Tieren und Menschen lässt sich schon gleich nach der Geburt eine Zuwendung zu neuen Sinneseindrücken feststellen. Diese Zuwendung zu neuen Sinneseindrücken ist zunächst reaktiv, dann auch aktiv, d.h. das Kind sucht neue Reizquellen auf, soweit es dazu in der Lage ist. In der Behandlung der Motivation bzw. der zugrundeliegenden Motive, d.h. stabiler, überdauerender Bereitschaften, erscheint diese Zuwendung als „Funktionslust", als Beschäftigung des Kindes mit seiner Umwelt und mit sich selbst. Für die Aufrechterhaltung dieses Neugierverhaltens gibt es nach Oerter ein Anregungsoptimum: zu wenig führt zu Langeweile bzw. zu Gewöhnung, zu viel wird verwirrend oder im Extrem als bedrohlich erfahren – und daher nach Möglichkeit gemieden.

Orientierende Reflexe, frühkindliche Funktionslust und Gewöhnungsprozesse, die Reaktionen auf irrelevante Reize abschwächen und dazu beitragen, die Zuwendung zu fokussieren, scheinen vom schulischen Lernen der Sekundarstufe weit entfernt zu sein. Schüler in der Sekundarstufe haben dann allerdings bereits eine Lerngeschichte, die auch für das schulische Lernen mehr oder weniger zuträgliche Gewöhnungserfahrungen einschließt. Außerdem finden gewollt und ungewollt während der Schulzeit weiterhin günstige und ungünstige Gewöhnungsprozesse statt. Dabei ist Oerters Anregung nützlich, zwischen Habituierungsprozessen auf der sozialen und auf der sachlichen Ebene zu unterscheiden.

Soziale Gewöhnungsprozesse

Zu den sozialen Gewöhnungsprozessen gehören natürlich auch (sub-)kulturell unterschiedliche Umgangsformen, Konsequenz von Erziehungsstilen usw. Wer beispielsweise daran gewöhnt ist, dass Äußerungen von Frauen als irrelevante Reize ignoriert werden können, wird Schwierigkeiten im Umgang mit Lehrerinnen haben, wer gelernt hat, dass zu Hause zwar ständig geschimpft und gedroht wird, letztlich aber nichts passiert, wird möglicherweise auch Kritik von Lehrern weniger ernst nehmen.

Sachliche Gewöhnungsprozesse

Was die Gewöhnung auf der Sachebene angeht, sind ebenfalls die Erfahrungen wichtig, die der Schüler bisher machen konnte. Eine anregungsarme Sozialisation steht dann auf zweifache Weise in einem Spannungsverhältnis zu den Anforderungen und Angeboten der Schule. Diese Angebote treffen auf Schüler, die sich in der „Anregungswüste“ eingerichtet und sich an sie gewöhnt haben – und für die möglicherweise nicht nur ungewohnt und unbequem ist, was die Schule von ihnen will, sondern sogar bedrohlich.

Zu den möglichen Problemen für schulisches Lernen gehört aber nicht nur eine anregungsarme außerschulische Sozialisation, sondern auch eine Mediensozialisation, die an unzusammenhängende Informationsschnipsel gewöhnt. Beim schulischen Lernen muss mit folgenden Gewöhnungsprozessen gerechnet werden:

- Fragmentierung (z.B. bei der Kommunikation über Instant-Messaging-Dienste wie WhatsApp) und Kontextlosigkeit (Leben als „Link-Sequenz“) von Informationen
- Anonymität und fehlende persönliche Verantwortung für Informationen
- Informationen, die ohne Aufwand und Entstehungsgeschichte einfach da sind
- Schnelligkeit von Prozessen und visuellen Eindrücken (Abläufe in Spielen, Schnittfolgen in Filmen, Verarbeitungsgeschwindigkeit von Rechnern)
- Vermischung von Realität und Fiktion („Avatarisierung“)

Entsprechend ist damit zu rechnen, dass die Schüler wenig gewöhnt sind an:

- Rechtschreibung
- Argumentation
- Quellennachweise
- Geduldige Planung

Schulisches Lernen fordert eventuell erhebliche Neuorientierungen und andere Formen der Informationsverarbeitung als sie den Schülern vertraut sind.

Schulisches Lernen trifft aber nicht nur auf Schüler, die schon spezifische Habituierungsgeschichten haben, es fördert vielmehr selbst neue Gewöhnungen. Zu den zentralen und gewünschten gehört die Gewöhnung daran, sich möglichst ausschließlich den Reizen zuzuwenden, auf die es in der Schule ankommt. Das bedeutet insbesondere, alles, was die Mitschüler tun, als irrelevant auszublenden, und sich auf das zu konzentrieren, was der Lehrer will. Das ist nicht nur deshalb für Schüler nicht einfach, weil das „offizielle Programm“ häufig wenig attraktiv ist, sondern auch, weil sie einen Großteil der Schulzeit damit verbringen, auf irgendetwas zu warten. Und wenn Schüler nicht warten, ist nach Diederich (1969) die häufigste Tätigkeit das Zuhören. Das wiederum ist nicht eben selten einfach nur langweilig, weil der Lehrer zu wenig darauf achtet, seine Darstellungen interessant und anregend zu gestalten. Schon Pausen, Betonungen o.ä. könnten hier „Orientierungsstimuli“ sein (vgl. Gage/Berliner [5]1996, S. 281). Es ist kein Stimulationsfeuerwerk notwendig, das sich womöglich noch an Showdarbietungen aus dem außerschulischen Bereich orientiert, sondern schlicht ein Durchbrechen der Monotonie durch Variation. Dazu gehört auch die Beurteilung der Schüler durch den Lehrer. Nach Good und Brophy (1976, S. 96ff.) hängt die Wirkung von Lehrererwartungen und -rückmeldungen wesentlich davon ab, ob sie für die Schüler glaubhaft sind, wobei die „Glaubhaftigkeit in erster Linie durch genaues Registrieren und erfolgreiche Voraussage der Leistungen des Schülers erreicht“ (S. 97) wird. Ein Lehrer, der gewohnheitsmäßig und unterschiedslos die Schüler ständig lobt, fördert einmal die Habituierung, so dass das Lob nur noch als Dauerrauschen wahrgenommen wird, und verliert zusätzlich an Bedeutung als ernstzunehmender Beurteiler. Auch hier ist also Variation erforderlich, wenn das Lob noch etwas gelten soll. Je nach Selbsteinschätzung und Leistungsanspruch der Schüler kann sogar gerade eine kritische Rückmeldung zu erhöhter Leistungsbereitschaft führen.

4.2 Lernen als Assoziation

Das Lernen als Assoziation erscheint in der Literatur auch als „latentes Lernen“ (vgl. z.B. Foppa [8]1972, S. 116ff.) oder Lernen durch *Kontiguität* (= Zusammensein, Angrenzen).

Assoziationslernen bezeichnet ein Lernen, bei dem ein Verhalten gegenüber einem Reiz auch gegenüber einem anderen Reiz gezeigt wird, der häufig zusammen mit dem ersten aufgetreten ist.

Die Auswirkung der Koppelung von Reizen auf das Lernen behandelt bereits Aristoteles. Er unterscheidet drei Prinzipien, die erklären sollen, wie Gedanken untereinander verknüpft sind (vgl. Mazur [5]2004, S. 38f.):

1. Kontiguität
2. Ähnlichkeit
3. Kontrast

Kontiguität bezieht sich auf Erfahrungen, die räumlich oder zeitlich eng verbunden auftreten. Die Annahme ist, dass dadurch mit einer Erfahrung automatisch andere assoziiert werden – Mazur nennt z.B. Blitz und Donner oder Tisch und Stuhl (ebd.). Ähnlichkeit und Kontrast gehen davon aus, dass Gedanken häufig zu ähnlichen Gegenständen oder aber zu unähnlichen, die dazu einen Kontrast bieten, führen.

In der herbartianischen Pädagogik des 19. Jahrhunderts spielte das Assoziationslernen in einer mechanistischen Variante eine wesentliche Rolle: Man hielt es für möglich, die Gesetzmäßigkeiten von Assoziationen exakt zu erforschen und auf dieser Basis die Geistesmechanik planmäßig zu beeinflussen.

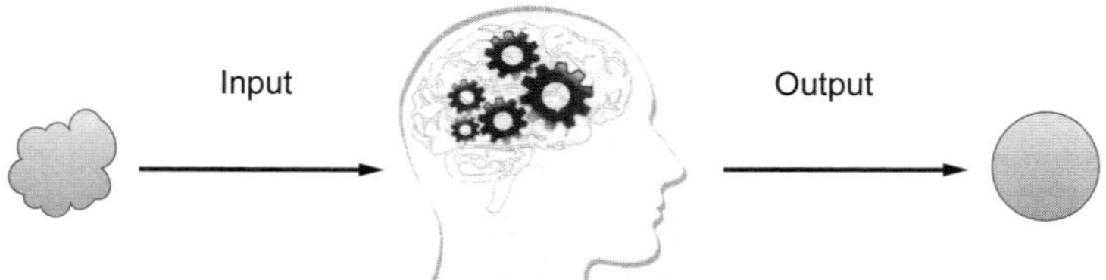

Abbildung 5: Lernen als mechanische Verarbeitung

Nicht nur die herbartianische Pädagogik ist heute überholt, auch derart mechanistische Vorstellungen von assoziativem Lernen.

Assoziatives Lernen

Zumindest zwei Bereiche, in denen assoziatives Lernen eine wichtige Rolle spielt, sind allerdings erwähnenswert. Der erste ist das Gedächtnis. Hier spielt das assoziative Lernen im Zusammenhang von Mnemotechniken eine Rolle, die das Behalten bzw. Erinnern von Gelerntem verbessern sollen. Darauf wird später noch eingegangen. Der zweite Bereich ist der der unterschwelligen Beeinflussung, bei der man sich zu Nutze macht, dass bereits „geringfügige Hinweise (Informationen) dem Organismus zur Orientierung in seiner Umwelt und zur Anpassung an sie genügen" (Foppa 1972, S. 121). Kritisch sind diese beiläufigen Effekte unter der Überschrift „Heimlicher Lehrplan" (vgl. Fromm 1986) und im Zusammenhang mit schulischen Ritualen diskutiert worden.

Am offensten haben hierüber die Herbartianer gesprochen. Die Ausbildung fester Gewohnheiten des Schullebens (vgl. Ziller [3]1886, S. 9), die „bewußtlose Gewöhnungen bei dem Zöglinge" schaffen sollten, waren „auf eine Abrichtung des Geistes für die Zwecke der Erziehung berechnet" ([2]1884, S. 109). Der angestrebte Effekt bestand darin, dass es den Schülern als selbstverständlich und überhaupt nicht anders möglich erscheinen sollte, wie man denkt, redet, sitzt usw., weil immer alles in einer bestimmten Weise und immer in einer bestimmten Verbindung geschah.

Wie assoziative Lernprozesse im schulischen Bereich gefördert werden, die derartige Gewöhnungen, wie etwas quasi naturgewollt zu sein hat, zum Ziel haben, hat Wellendorf an schulischen Ritualen dargestellt (vgl. z.B. 1973, S. 26). Wellendorf beurteilt dabei gerade die Elemente des Schullebens kritisch, die insbesondere zur Zeit der sogenannten Reformpädagogik und neuerdings im Kontext der Diskussion, wie Schule wieder erziehlicher werden kann, als wesentliche positive Elemente des Schullebens diskutiert werden, z.B. Feiern, Ausflüge.

4.3 Lernen als Ausbildung bedingter Reflexe

Das oben beschriebene Assoziationslernen beschreibt den Fall, dass ein Verhalten gegenüber einem Reiz A auch gegenüber einem Reiz B gezeigt wird, wenn diese Reize häufig zusammen auftreten, bzw. (nach Aristoteles) ähnlich sind oder in einem Kontrast zueinander stehen. Bei diesem Lernen ist der Reiz A neutral (z.B. Stuhl) und das damit verbundene Verhalten ist gelernt und variabel. Darin liegt der entscheidende Unterschied zu der Form des Assoziationslernens, die als klassische Konditionierung oder Ausbildung bedingter Reflexe bekannt ist. In diesem Fall liegt am Anfang ein Reiz A vor, der *reflexartig* ein bestimmtes Verhalten auslöst. Das bedeutet:

Klassische Konditionierung

- Die Verknüpfung Reiz-Reaktion ist nicht gelernt.
- Die Reaktion auf den Reiz ist nicht variabel.
- Die Reaktion auf den Reiz ist nicht willentlich kontrolliert oder kontrollierbar.
- Die Reaktion auf den Reiz erfolgt unmittelbar.
- Die Reaktionsrate ist annähernd 100%.

Beispiele hierfür sind der Lidschlussreflex oder der Kniesehnenreflex, bei dem ein Schlag auf die Sehne eine Streckung des Beines bewirkt. Diese Reaktion erfolgt, wenn keine Krankheit vorliegt, sofort, in einer genetisch festgelegten Weise und ist willentlich nicht kontrollierbar. Es handelt sich hier um einen *unbedingten* Reflex. Von *bedingten* Reflexen wird dann gesprochen, wenn ursprünglich neutrale Reize die Fähigkeit erlangen, reflexhaftes Verhalten in einer ähnlichen Weise auszulösen, wie das bei den unbedingten Reflexen der Fall ist. Wie es zur Entstehung solcher bedingter Reflexe kommt, hat der russische Mediziner Pawlow zu Beginn des 20. Jahrhunderts eher zufällig herausgefunden und dann über Jahrzehnte untersucht. Sein eigentliches Forschungsthema war die Verdauung bei Tieren bzw. speziell die Zusammensetzung und neuronale Steuerung von Verdauungssäften. Um Verdauungsvorgänge genauer untersuchen zu können, wurde u.a. der Speichelfluss von Versuchstieren (hier: Hunden) bei der Präsentation von Futter gemessen.

Bedingte & unbedingte Reflexe

Pawlow stellte nun fest, dass Versuchstiere, die den Versuch bereits mehrfach absolviert hatten, schon Speichel absonderten, bevor sie Futter bekamen. Das war bei neuen Versuchstieren nicht der Fall. Pawlows Vermutung war, dass ein Reiz, der regelmäßig dem Versuch und der Futtergabe vorausging, z.B. der Anblick des Versuchsleiters oder Geräusche bei der Vorbereitung, das Potential erlangt haben könnte, den Speichelfluss auszulösen. Seine eigenen Untersuchungen und die zahlreicher anderer Forscher führten zur Formulierung des Prinzips der klassischen Konditionierung.

> Das Prinzip der klassischen Konditionierung besagt, dass ein ursprünglich neutraler Reiz durch Kopplung mit einem unbedingten Reiz das Potential gewinnen kann, einen bedingten (konditionierten) Reflex auszulösen, der dem unbedingten Reflex ähnlich ist, den der unbedingte Reiz auslöst.

Im Fall Pawlows löst dann z.B. der Anblick des Versuchsleiters (neutraler Reiz) durch Kopplung mit dem Futter (unbedingter Reiz) nach einer Anzahl von Kopplungen die Reaktion Speichelfluss aus. Aus dem neutralen Reiz ist ein bedingter geworden, aus der unbedingten Reaktion eine bedingte. Diese Reiz-Reakti-

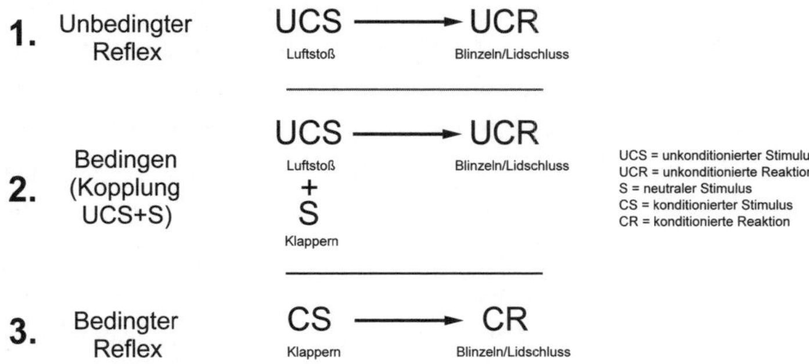

Abbildung 6: Klassische Konditionierung

on-Verbindung (Anblick Versuchsleiter – Speichelfluss) ist nicht wie die ursprüngliche (Futter – Speichelfluss) angeboren, sondern gelernt. In den Untersuchungen zur klassischen Konditionierung wurde mit unterschiedlichen Reizen (z.B. akustisch, visuell) und Darbietungsformen experimentiert (z.B. Zeitpunkt, Dauer). Schematisch geht es um folgendes Verfahren:

Das Prinzip mag erklären, warum Versuchstiere beim Anblick des Versuchsleiters Speichel absondern oder Menschen bei einem Klappergeräusch mit einem Lidschlussreflex reagieren. Bei Menschen ist aber die Anzahl angeborener Reflexe gering und der schulische Lernkontext hat auch keine offensichtlichen Ähnlichkeiten mit den geschilderten Versuchsbedingungen. Die Frage ist also, welchen Erklärungswert das Prinzip des klassischen Konditionierens für schulisches Lernen haben kann.

Tatsächlich ist die Instinkt- und Reflexausstattung des Menschen im Vergleich mit dem Tier sehr beschränkt; Reflexe sind aber weiterhin vorhanden, wie etwa Schmerz- oder Schreckreaktionen. In vielen Fällen sollte man vielleicht vorsichtiger von reflexartigem Verhalten sprechen, etwa bei bestimmten Gesichtsausdrücken oder Stimmlagen, die mit eindringlichen Erfahrungen verknüpft sind. In diesen und anderen Fällen kann man im Anschluss an einschlägige Untersuchungen Konditionierungen höherer Ordnung annehmen (vgl. Mazur [5]2004, S. 119ff.), bei denen Reize nicht mit unkonditionierten, sondern mit bereits konditionierten gekoppelt wurden. So kann man sich dann eine Konditionierungskette vorstellen, die bei Reizen endet, die von ursprünglich unkonditionierten Reizen weit entfernt sind.

Mazur (ebd.) nennt dafür als Beispiel, dass zunächst Begriffe durch Kopplung mit unbedingten Reizen das Potential erhalten können, z.B. positive oder negative Empfindungen hervorzurufen. Auf einer höheren Stufe können diese bereits konditionierten Begriffe/Reize dann zu einer weiteren Konditionierung führen. Das wurde in einer Untersuchung demonstriert, bei der die Versuchspersonen Bilder mit Gesichtern betrachten sollten. Gleichzeitig hörten sie positive oder negative Adjektive. Wenn die Versuchspersonen hinterher angeben sollten, welche Gesichter ihnen angenehm waren, wurden die bevorzugt, zu denen vorab positive Adjektive genannt wurden. Mazur hebt hervor (ebd., S. 120), dass dies auch dann der Fall war, wenn sich die Versuchspersonen an die Adjektive nicht mehr erinnerten.

Vermeidungsverhalten

Wichtig an diesem Beispiel ist die Art der bedingten Reaktion: Sie besteht nicht in beobachtbarem Verhalten, sondern in Empfindungen und Einschätzungen. Weil sie reflexhaft erfolgt, entzieht sie sich der bewussten Kontrolle. Solche verdeckten Reaktionen können bereits für sich wichtig sein, wenn z.B. massive Ängste ausgelöst werden. Sie werden es spätestens dann, wenn diese Empfindungen und Einschätzungen Verhaltenskonsequenzen haben, wenn etwa unangenehm erlebte Personen oder potentiell angstauslösende Situationen gemieden werden. Gerade im Fall von Ängsten entsteht durch das Vermeidungsverhalten, mit dem die Konfrontation mit angstauslösenden Reizen vermieden werden soll, eine schwerwiegende Beeinträchtigung der Lebensqualität.

Wenn der Nutzen des Erklärungsansatzes der klassischen Konditionierung für das schulische Lernen thematisiert wird, dann überwiegend im Zusammenhang mit solchen verdeckten Reaktionen, insbesondere Ängsten. Es geht dann um Ängste, die durch Lehrer, Mitschüler oder Eltern hervorgerufen werden, und die zum einen zu Vermeidungsverhalten (z.B. Schule schwänzen) und zum anderen über Konditionierungen höherer Ordnung zu generalisierten Abwehrreaktionen führen können. Ein Lehrer, der einen Schüler vor der Klasse bloßstellt, verleidet ihm so möglicherweise das Fach oder sogar die Schule.

Bedingte Reflexe können direkt und indirekt eine erhebliche Wirkung haben, weil sie autonom und häufig auf einer vorbewussten Ebene ablaufen. Das Unwohlsein, das sich etwa in einer bestimmten Situation einstellt, muss weder klar definiert noch dramatisch sein, sondern kann eher beiläufig bleiben. Wenn es wahrgenommen wird, ist häufig der Auslöser nicht klar erkennbar. Und selbst wenn das der Fall ist, wird der Ablauf üblicherweise als schicksalhaft und als außerhalb der eigenen Kontrolle erlebt. Entsprechend erleben sich die Personen als fremdbestimmt und hilflos.

Genau diese Charakteristika der bedingten Reflexe machen sie attraktiv für mehr oder weniger wohlmeinende Beeinflussungsversuche, z.B. in der Werbung. Das Schema ist immer wieder, Reize (kleine Kinder, unberührte Natur, wenig bekleidete Frauen usw.), die bestimmte erwünschte Empfindungen hervorrufen, mit anderen Reizen (Politiker, Autoreifen oder Tütensuppen) zu koppeln.

Aus dem pädagogischen Bereich sind nicht nur die oben angeführten Negativbeispiele zu nennen, die geeignet erscheinen, die Schule zu einem angsteinflößenden Ort zu machen. Auch im Positiven haben schulische Reformen immer wieder Maßnahmen integriert, die sich nach dem Prinzip des klassischen Konditionierens beschreiben lassen. So sollte etwa in den Landerziehungsheimen die ständig präsente Naturerfahrung zu einer erzieherisch erwünschten Grundstimmung führen. Andere Konzepte, wie z.B. das der Jena-Plan-Schule, betonen den Wohnstubencharakter des Unterrichtsraums. Kleinere Reformbemühungen von Lehrern beginnen häufig damit, den Klassenraum wohnlicher zu gestalten, in der Hoffnung, damit eine angstfreiere Lernatmosphäre zu fördern.

Manche reflexhaft ablaufende Reaktion und die damit verknüpften Verhaltenskonsequenzen (Vermeidungsverhalten usw.) lässt sich plausibel und durch umfangreiche empirische Untersuchungen gestützt nach dem Prinzip der klassischen Konditionierung erklären. Offene Fragen bleiben aber. Das gilt ähnlich für die Verhaltensmodifikationsmaßnahmen, die sich an diese Erklärungen anschließen. Sie haben sich in vielen Fällen als überzeugend wirksam erwiesen – allerdings mitunter auch in einer Weise, die der Theorie widerspricht.

Dazu ein Beispiel: Die sogenannte „systematische Desensibilisierung“ (vgl. Wolpe 1972) lehnt sich sehr eng an das Prinzip der klassischen Konditionierung an und versucht durch eine positive Gegenkonditionierung die Wirkung unerwünschter bedingter Reflexe abzuschwächen oder aufzuheben. Der Gedanke: Man nehme einen starken Reiz, der eine erwünschte Reaktion hervorruft und koppele diesen Reiz mit dem bedingten (hier: angstauslösenden) Reiz in einer schwach dosierten Form. Nach dem Prinzip der klassischen Konditionierung müsste es so gelingen, diesen Reiz neu zu bedingen, so dass er fortan die erwünschte Reaktion hervorruft. Wolpe setzte das Verfahren der progressiven Muskelentspannung ein (vgl. Bernstein/Borkovec 1975), um bei seinen Klienten eine tiefe körperliche Entspannung herbeizuführen. In diesem Zustand körperlicher Entspannung wurden ihnen schwach angstauslösende Reize dargeboten. Ziel war es dabei, die von diesen Reizen vorher ausgelösten Angstgefühle durch die Entspannung zu ersetzen. Wesentlich bei diesem Verfahren ist es, dafür Sorge zu tragen, dass die Erfahrung der Entspannung dominiert, angstauslösende Reize also nur in dosierter Intensität dargeboten werden. Dazu werden diese vor der Behandlung in einer Angsthierarchie nach Intensität geordnet und dann gestuft dargeboten. Die Annahme ist dabei, dass jeweils eine Stufe dieser Angsthierarchie abgetragen wird, wenn es gelingt, sich angstfrei mit den Reizen dieser Stufe zu befassen.

Schematisch lässt sich das Verfahren der systematischen Desensibilisierung so darstellen:

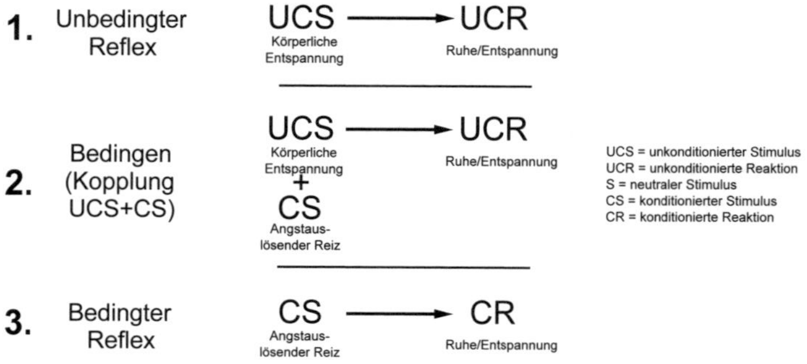

Abbildung 7: Systematische Desensibilisierung

An einem Beispiel, das aus dem Schulbereich stammt, würde man nach diesem Ansatz zunächst z.B. durch gestufte Übungen vorab die Bedrohlichkeit einer Prüfung mindern, in der Situation selbst z.B. durch auflockernde Bemerkungen eine möglichst angstfreie Atmosphäre schaffen und dann die Prüfung mit gemäßigten Schwierigkeitsgraden beginnen lassen.

Wie oben bereits angedeutet, ist auch die Verhaltensmodifikation auf der Basis der klassischen Konditionierung nicht frei von Überraschungen. So plausibel und nachgewiesen erfolgreich Wolpes Ansatz speziell in der Behandlung von Ängsten auch ist, so unklar bleibt mitunter der Grund für seine Wirkung. Denn das Verfahren hat sich auch als wirksam erwiesen, wenn nicht mit Entspannung, sondern mit Anspannung gearbeitet wurde bzw. die Klienten zwar meinten, entspannt zu sein, physiologische Messungen diesen Eindruck aber widerlegten.

4.4 Lernen durch Konsequenzen

Während das Lernen, das nach dem klassischen Prinzip der Konditionierung beschrieben wird, sich durch die reflexhafte, für den Betroffenen nicht kontrollierbare Abfolge von Reiz und Reaktion auszeichnet, ist unser Verhalten in den meisten Situationen durchaus variabel und nicht sinnvoll als reflexhaft zu beschreiben. In den meisten Fällen gibt es keinen Auslösereiz im Sinne der klassischen Konditionierung, sondern eine Reizsituation, auf die wir in unterschiedlicher Weise sofort oder auch erst später reagieren können. Dazu gehört auch, *nicht* zu reagieren, die Situation als nicht handlungsrelevant einzustufen.

Thorndike: Gesetz des Effekts

Wie Lernen, im Sinne einer Verhaltensänderung, ohne einen Auslösereiz zustande kommt, soll das „Gesetz des Effekts“ von Thorndike erklären:

> „Von verschiedenen Reaktionen auf dieselbe Situation werden jene, die von einer Befriedigung des Willens des Tieres begleitet oder gefolgt werden, mit der Situation stärker verbunden, so dass sie bei einem erneuten Auftreten der Situation mit größerer Wahrscheinlichkeit wieder gezeigt werden.“ (Übersetzung Mazur [5]2004, S. 185, dort kursiv)

Wenn hier vom „Willen des Tieres“ die Rede ist (in Thorndikes Experimenten: Katzen), klingt das etwas seltsam, so als schreibe Thorndike seinen Versuchstieren Absichten oder Pläne zu. Seine Erläuterung, was unter „Befriedigung des Willens“ zu verstehen ist, kommt aber ohne diese Annahme aus und ist weniger missverständlich:

> „Ein befriedigender Zustand bedeutet, dass das Tier nichts tut, um ihn zu vermeiden.“ (ebd., dort kursiv)

Was das Tier (oder der Mensch) tut, hängt danach also nicht von auslösenden Reizen, sondern von den Konsequenzen eines Verhaltens ab. Sind diese (im Sinne Thorndikes) ‚befriedigend‘, erhöht sich die Auftretenswahrscheinlichkeit des Verhaltens.

Skinner: Black Box

Skinner setzt die Untersuchungen Thorndikes fort, spricht aber nicht von „Befriedigung“, sondern von „Verstärkung“, um eine Konsequenz zu bezeichnen, die die Auftretenswahrscheinlichkeit eines Verhaltens erhöht. Der Verstärker („reinforcer“) ist dabei allein durch seine Wirkung definiert, Annahmen über innere Prozesse versucht Skinner zu vermeiden.

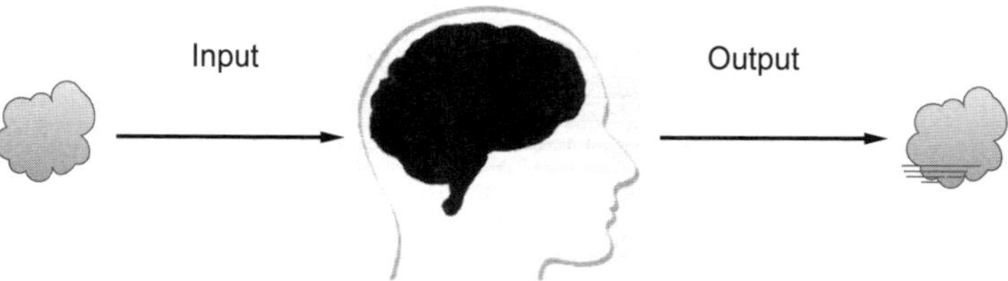

Abbildung 8: Der Lerner als Black Box

Wie in Abbildung 8 dargestellt, klammert Skinner innere Prozesse aus und behandelt den Menschen als „Black Box“. Wichtig ist dabei: Skinner leugnet nicht das Vorhandensein innerer Prozesse, sondern versucht gewissermaßen unter Sparsamkeitsgesichtspunkten ohne Annahmen über die Beschaffenheit dieser Prozesse auszukommen. Stattdessen bemüht er sich, Regelmäßigkeiten in der Beziehung von beobachtbaren Verhaltensweisen und Konsequenzen herauszufinden. Der Schwerpunkt dieses Zugangs der „operanten“ Konditionierung im Vergleich mit der klassischen

Konditionierung (Skinner spricht von „respondenter" Konditionierung): Während die klassische Konditionierung sich mit dem Zusammenhang zwischen dem Verhalten R und dem auslösenden Reiz S befasst, behandelt die operante Konditionierung den Zusammenhang des Verhaltens R mit den Konsequenzen C.

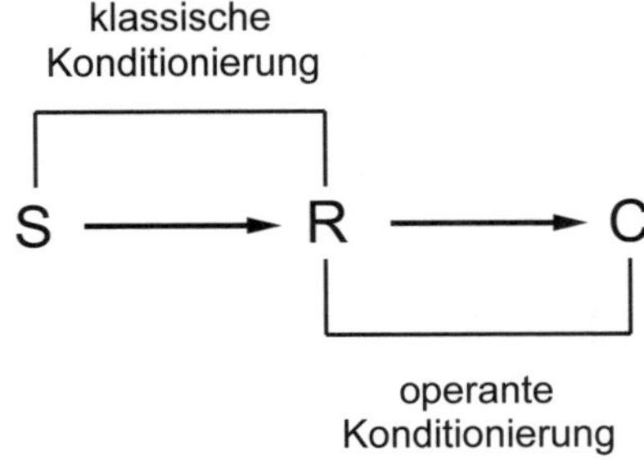

Abbildung 9: Klassische Konditionierung: Stimulus-Response-Consequence

Abbildung 10: Operante Konditionierung: Response-Consequence

Eine Steigerung der Auftretenswahrscheinlichkeit eines Verhaltens kann auf zwei Wegen erreicht werden, indem eine als angenehm wahrgenommene Konsequenz dargeboten oder eine als unangenehm wahrgenommene entfernt wird (s. Abbildung 11).

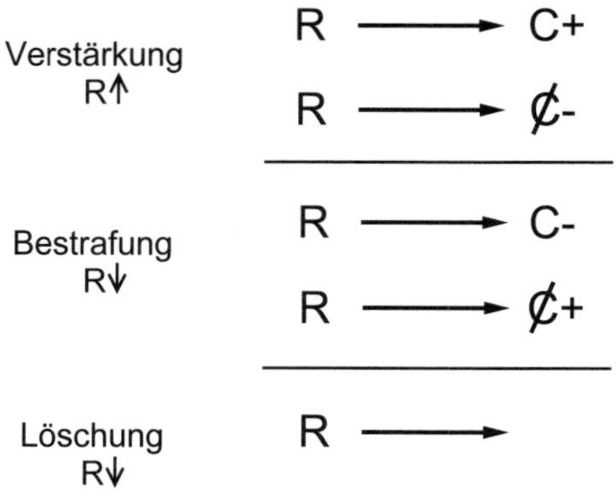

Verstärkung R↑	R ⟶ C+
	R ⟶ ¢-
Bestrafung R↓	R ⟶ C-
	R ⟶ ¢+
Löschung R↓	R ⟶

Abbildung 11: Konsequenzen und ihre Wirkung

Diese umständliche Ausdrucksweise ist deshalb erforderlich, weil das Verstärkungspotential nicht Eigenschaft der Konsequenz ist, sondern Ergebnis einer entsprechenden Bedeutungszuschreibung. An einem Beispiel aus der menschlichen und schulischen Erfahrungswelt: *Beispiel: Lob* Ein Lob ist nicht an sich verstärkend; ob es verstärkend wirkt, hängt vielmehr davon ab, wie oft der Lehrer lobt, ob der Schüler den Lehrer mag, ob ein Lob „cool" ist oder ob das Fach den Schüler interessiert. Ein Beispiel für negative Verstärkung (eine „negative" Konsequenz wird entfernt) wäre im schulischen Bereich, dass die Schüler erst eine eher ungeliebte Aufgabe erledigen müssen und nach der Erledigung etwas Angenehmeres tun können: Im Sportunterricht wird z.B. nach dem Konditionstraining Volleyball gespielt. Für die Senkung der Auftretenswahrscheinlichkeit eines Verhaltens durch Bestrafung gilt umgekehrt, dass eine negative Konsequenz hinzugefügt oder eine positive entfernt wird: *Beispiel: Tadel* Ein Schüler wird beispielsweise getadelt oder weniger beachtet. Wichtig ist hier wieder, dass eine Konsequenz nicht ‚an sich' unangenehm ist. An einem Beispiel aus der Schule: Es kommt nicht selten vor, dass Schüler auf einen Tadel des Lehrers hin ihr Verhalten nicht einstellen. Hier spielt zum einen eine Rolle, an welche Umgangsformen der Schüler gewöhnt ist. Was aus Sicht des Lehrers ein Tadel ist, kann für den Schüler eher ein höflicher Hinweis sein, wenn er z.B. ansonsten häufig angeschrien oder sogar geschlagen wird. Hinzu kommt, dass jede Äußerung mehrere Dimensionen hat (vgl. Schulz von Thun 1981): Der Lehrer mag zwar sachlich das Verhalten missbilligen und Änderung anmahnen. Gleichzeitig befasst er sich aber mit dem Schüler, was von diesem als Beachtung und Zuwendung wahrgenommen werden kann – auch wenn der Anlass ein Konflikt ist. Schließlich ist zu beachten, dass der Lehrer im schulischen Kontext nicht der einzige ist, der positive oder negative Konsequenzen einführt oder entfernt. Wenn für den Lehrer ein Vergehen ist, was in den Augen der Mitschüler ein bewundernswertes Verhalten darstellt, kann es sehr wohl sein, dass für das Verhalten des Schülers das Urteil der Mitschüler wichtiger als das des Lehrers. Dass es diese modifizierenden Einflüsse innerer Prozesse gibt, die Konsequenzen ihre spezifische Bedeutung geben und ihre Wirkung bestimmen, war auch den sogenannten Behavioristen bewusst. Dass solche Prozesse beim Menschen komplexer als bei Tieren sind, ebenfalls. Skinner formuliert es so: „So far as I know, no one argues that because something is true of a pigeon, it is therefore true of a man“ (1968, S. 84). So komplex menschliches Lernen, noch dazu in sozialen Kontexten wie der Schule, ist, so hilfreich haben sich aber (erstaunlicherweise) in der Vergangenheit lerntheoretische Erklärungen – in diesem Fall nach dem operanten Prinzip – erwiesen, um Lernprozesse zu beschreiben, zu erklären und zu modifizieren. Dass dies auf der Grundlage eines (pragmatisch) vereinfachten Menschenbildes geschieht, ist allerdings festzuhalten.

In der pädagogischen Praxis werden seit Jahrhunderten auch die Lernprinzipien des operanten Konditionierens eher intuitiv erfahrungsbasiert berücksichtigt – allerdings nicht unter dieser Bezeichnung. In der Diskussion der letzten Jahrzehnte wird allerdings üblicherweise der Eindruck erweckt, dabei handele es sich um pädagogisch fragwürdige Verfahren einer zum Glück überwundenen Vergangenheit. Dass aber durchaus auch solche Pädagogen eindrucksvolle Praxisbeispiele liefern, die man traditionell eher der positiven Vergangenheit unter Leitideen wie „Freiheitlichkeit“ und „Natürlichkeit“ zurechnet, wird kaum beachtet. Deshalb hier zwei solcher Beispiele von Rousseau und Pestalozzi:

Rousseau: Erziehung durch natürliche Konsequenzen

Rousseau kritisiert die Versuche, das Lesen lernen durch Hilfsmittel und Materialien wie Lesekästen oder Karten zu verbessern und setzt dagegen:

> „Das sicherste Mittel, das man aber immer wieder vergißt, ist natürlich der Wunsch, lesen zu lernen! Erweckt diesen Wunsch im Kinde; laßt dann eure Kästen und Würfel sein, und jede Methode ist ihm recht.
>
> Das unmittelbare Interesse ist die große und einzige Triebfeder, die sicher und weit führt. Emil erhält manchmal von seinem Vater, von seinen Verwandten und Freunden Einladungen zum Essen, zum Spaziergang, zu einer Bootsfahrt oder zu einem Fest. Die Briefe sind kurz, deutlich, sauber und schön geschrieben. Er braucht jemanden, der sie ihm vorliest. Er findet nicht gleich jemanden, oder der Betreffende will dem Kind eine Unart vom Vortag heimzahlen. So wird die Gelegenheit verpaßt. Schließlich wird ihm der Brief vorgelesen, aber es ist zu spät. Ach, hätte man doch selbst lesen können! Man erhält wieder Briefe. Sie sind so kurz! Der Inhalt erregt die Neugier. Man möchte sie gerne entziffern. Manchmal findet man jemanden, der einem hilft, manchmal keinen. Man strengt sich an, man entziffert die Hälfte des Briefes: es handelt sich um ein Sahneessen, morgen … man weiß nicht wo und nicht mit wem … Man strengt sich an, auch den Rest zu lesen!" (1972, S. 101)

Lerntheoretisch gesprochen: Hier wird das Nichtlesen(-können) durch den Wegfall positiver Konsequenzen bestraft:

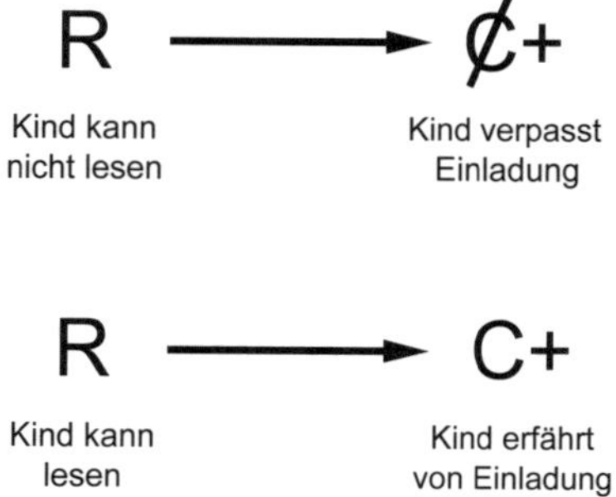

Abbildung 12: Lesenlernen durch Konditionierung

Das bekanntere Beispiel ist folgendes:

> „Euer schwererziehbares Kind zerstört alles, was es berührt. Regt euch nicht auf, aber räumt alles, was es zerbrechen könnte, aus seiner Reichweite weg. Es zerstört die Gegenstände, die es braucht. Beeilt euch nicht, ihm andere zu geben. Laßt es den Verlust fühlen. Es zerbricht die Scheiben in seinem Zimmer: laßt den Wind Tag und Nacht hereinblasen und kümmert euch nicht um den Schnupfen, denn es ist besser, daß es verschnupft als närrisch wird." (ebd., S. 80)

Formal stellt sich das so dar:

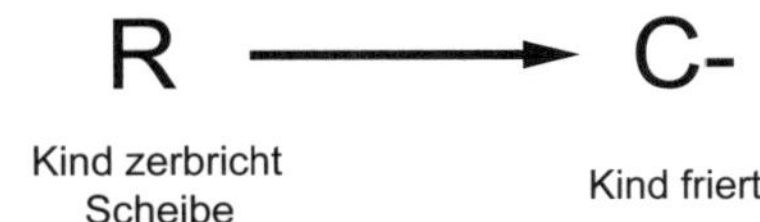

Abbildung 13: Rousseau: Lernen durch Bestrafung

An diesen Beispielen wird deutlich, wie Rousseau mit erzieherischer Absicht natürliche Folgen von Verhalten so arrangiert, dass sie dem Zögling möglichst konkret und unmittelbar erfahrbar werden.

Pestalozzi: Arrangieren natürlicher Konsequenzen

Zeitgleich mit Rousseau betont auch Pestalozzi im folgenden Beispiel die Bedeutung des erzieherischen Einsatzes natürlicher Konsequenzen, hier allerdings mit der speziellen Intention, das Erzieher-Zöglings-Verhältnis von Misstrauen und Belastungen freizuhalten und entsprechend Beschränkungen nicht an die Person des Erziehers zu koppeln, sondern sie als natürlich einzuführen:

> „Wenn du durch Leitung der Umstände es dahin bringst, daß es [das Kind, M.F.] die Folgen in der Natur der Dinge, so wie sie ihm empfindbar wirken, mit deinem Rat und mit deiner Warnung übereinstimmend zu wissen und zu empfinden gewohnt ist, so wird bei hundert immer zum Zutrauen fortwir-

kenden Ursachen die notwendige Hemmung seiner Freiheit unmöglich das Übergewicht zum Mißtrauen geben können. Es soll dem weisen Führer, dem richtig warnenden Vater gehorsam sein, aber der Führer muß nur zur Notwendigkeit befehlen; keine Laune, keine Eitelkeit, kein Hang zum unnötigen Wissen verunstalte die Befehle. Wenn ihr etwas befehlen müßt, so wartet, wenn ihr könnt, auf einen Anlaß, wo die Natur der Dinge ihren Fehler fühlbar gemacht hat und das Kind durch die Folgen des Fehlers schon zur natürlichen Empfindung der Notwendigkeit des Befehls geführt ist. Wenn ich z.B. das unangenehme Anrühren aller Sachen verbieten will, so gehe ich diesen Weg: Ich stelle zwei Platten, eine kalt, eine siedende so, daß der Kleine gewiß probieren und seine Hände verbrennen wird.“ (in: Rutschky 1977, S. 395)

Als Verhaltenskette geschrieben:

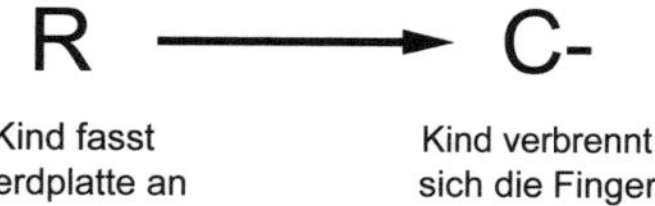

Abbildung 14: Pestalozzi: Lernen durch Bestrafung

Wie diese Beispiele zeigen, verfahren Rousseau und Pestalozzi durchaus im Sinne des operanten Konditionierens – allerdings noch nicht auf der Basis expliziter Lerntheorien und vor allem nicht auf der Grundlage ausgedehnter systematischer empirischer Untersuchungen.

4.5 Lernen am Modell

Die bisher behandelten Erklärungen von Lernprozessen betrachten das einzelne Lebewesen in der Auseinandersetzung mit seiner Umwelt. Lernen ist dabei ein individueller Vorgang; der einzelne muss für sich herausfinden, wie man etwas macht und wann man damit Erfolg hat. Andere sind dabei nur in der Form beteiligt, dass sie die Konsequenzen eines Verhaltens (mit-)bestimmen. Menschen und andere soziale Lebewesen sind aber nicht darauf angewiesen, alles selbst zu erfahren und daran zu lernen, sie können vielmehr von dem profitieren, was Andere bereits können und was diese erfahren. Dadurch können Lernprozesse erheblich vereinfacht und beschleunigt werden. Wenn von Anderen gelernt wird, sprechen Bandura und Walters (1963) von „sozialem Lernen", häufig ist in der Literatur auch von Imitations-, Beobachtungs- oder Modelllernen die Rede (vgl. z.B. Mazur [5]2004, S. 410ff.). Bandura (1969, S. 119) nennt neben diesen noch weitere Begriffe und verdeutlicht ihre uneinheitliche Verwendung. Er selbst spricht von „Modeling and Vicarious Processes" also von Modellierung und stellvertretenden Prozessen. Diese Terminologie soll leicht abgewandelt hier auch verwendet werden: „Modelllernen" oder „Stellvertretendes Lernen".

Bandura (1969, S. 122ff.) unterscheidet die folgenden Phasen des Modelllernens:

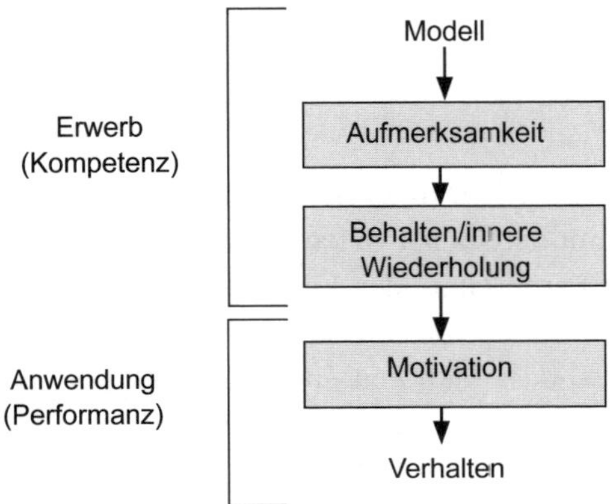

Abbildung 15: Phasen des Modelllernens: Kompetenz/Performanz (nach Bandura 1969, S. 122ff.)

Während es in der ersten Phase um den Erwerb eines Verhaltens geht und darum, es prinzipiell durch Speicherung und (interne) Reproduktion verfügbar zu halten, geht es in der zweiten Phase darum, unter welchen Bedingungen das prinzipiell mögliche Verhalten auch gezeigt wird. Bandura betont mit den Gedächtnisprozessen (vgl. hier Kap. 5) und den motivationalen Prüfprozessen (vgl. hier Kap. 6) die Bedeutung innerpsychischer Prozesse und geht so erkennbar über die frühen behavioristischen Lerntheorien hinaus.

Das Spektrum dessen, was am Modell gelernt wird und wie es gelernt wird, ist weit, es lässt sich mit den Unterscheidungen, die Bandura selbst vornimmt, an den verschiedenen Ansatzpunkten innerhalb einer Verhaltenskette veranschaulichen.

1. Beobachtungseffekte

Mit Beobachtungseffekten ist die Aneignung neuer Verhaltensmuster durch Beobachtung gemeint. Man lernt am Modell, wie man etwas macht: wie man Futter sucht und eine Beute jagt oder wie man einen Buchstaben schreibt und die Schnürsenkel bindet.

Abbildung 16: Verhaltenserwerb

Imitationslernen

Üblicherweise spricht man in diesem Fall von Imitationslernen, es kommt bereits bei vielen Tierarten vor (vgl. Mazur [5]2004, S. 412). Die Bereitschaft, das Verhalten von Artgenossen zu imitieren, ist bei Tieren und Menschen bereits in sehr frühem Alter feststellbar, so dass man von einer gewissen instinktiven Anlage sprechen kann. Imitiert werden auch Verhaltensweisen, bei denen ein Belohnungswert nicht erkennbar ist.

2. Hemmende/enthemmende Effekte

Mit hemmenden bzw. enthemmenden Effekten wird beschrieben, dass durch die stellvertretende Erfahrung möglicher Konsequenzen eines Verhaltens dessen Ausführung wahrscheinlicher oder unwahrscheinlicher werden kann. Das geschieht dadurch, dass man am Modell etwas über die Konsequenzen eines Verhaltens erfährt, ohne es selbst ausprobieren zu müssen.

Abbildung 17: Stellvertretende Erfahrung von Konsequenzen

Anders als im oben genannten Fall, wo der Effekt ein Glied der Verhaltenskette betrifft (ein Verhalten wird erworben oder geformt), besteht hier der Effekt in der Herstellung einer Relation zwischen zwei Gliedern der Kette.

Stellvertretende Erfahrung

Bekannt sind die Versuche Banduras zur Wirkung aggressiver Modelle geworden. Dabei wurde vierjährigen Kindern auf einem Fernseher ein Film gezeigt, in dem ein Erwachsener sich gegenüber einer großen aufblasbaren Figur (Bobo) auf verschiedene Weise aggressiv verhält. Je nach Versuchsgruppe wurde der Erwachsene im Film anschließend belohnt (Lob, Süßigkeiten), bestraft (Tadel, Klaps) oder erfuhr keine Konsequenzen seines Verhaltens. Anschließend wurden die Kinder einzeln in einen Raum gebracht, in dem es Spielzeuge und auch eine Puppe wie im Film gab. Das Verhalten der Kinder wurde verdeckt aufgezeichnet. Je nachdem, welche Konsequenzen das Verhalten im Film hatte, variierte die Häufigkeit aggressiver Verhaltensweisen in der anschließenden Spielsituation, wobei das erfolgreiche Modell den stärksten Einfluss hatte. Diese Untersuchungen zeigten u.a.:

- Die Jungen verhielten sich durchgängig aggressiver als die Mädchen.
- Das bestrafte Modell wurde seltener imitiert, besonders deutlich von den Mädchen.

Bei diesem Experiment geht es erkennbar nicht um das Erlernen des betreffenden Verhaltens – die Puppe schlagen konnten die Kinder auch schon vor dem Versuch –, sondern darum, wann man ein Verhalten, zu dem man grundsätzlich in der Lage ist, auch zeigt. Während das Beobachtungslernen im Fall der Beobachtungseffekte eine Kompetenzsteigerung bewirkt, geht es hier um eine Beeinflussung der Performanz.

Diese Untersuchung hat zahlreiche Folgeuntersuchungen zur Beeinflussung aggressiven bzw. prosozialen Verhaltens angestoßen, in denen es u.a. darum ging, die Bedingungen zu klären, unter denen ein Modell wirksam wird. Neben dem Erfolg, den das *Merke!* Modell hat, spielen u.a. Status, Macht und Ähnlichkeit des Modells mit dem Beobachter eine Rolle (vgl. Mazur [4]2005, S. 422f.).

Im Zusammenhang mit der Frage, inwieweit Gewaltdarstellungen in den Medien Gewalttaten der Zuschauer fördern können, haben Untersuchungen in dieser Tradition große Beachtung gefunden. Die Untersuchungen zeigen in Laborsituationen kurzfristig einen Anstieg aggressiver Verhaltensweisen, der in Abhängigkeit von zahlreichen Randbedingungen, wie z.B. der Verwendung von Trickfilmfiguren oder realen Personen, variiert. Bei diesen Laborexperimenten ist die Zeitspanne zwischen der Präsentation aggressiver Modelle und der Messung der Wirkungen sehr kurz, zudem ist die Situation extrem reduziert und alltagsfern.

Darüber, wie sich solche Medienerfahrungen außerhalb des Labors und über längere Zeit auswirken, gibt es vor allem Spekulationen. In Feldexperimenten, die die Beschränkungen der Laborexperimente zu vermeiden versuchen, sind nach Mazur ([5]2004, S. 427f.) nur geringe Wirkungen von Fernsehgewalt auf das Verhalten feststellbar.

3. Verhaltenserleichternde Effekte

Modelllernen kann dazu beitragen, Hinweisreize dafür zu identifizieren, wann es sinnvoll bzw. erfolgversprechend ist, ein Verhalten zu zeigen. Es geht hier wiederum um das Erlernen einer Relation; diesmal zwischen vorausgehenden Reizen und Konsequenzen.

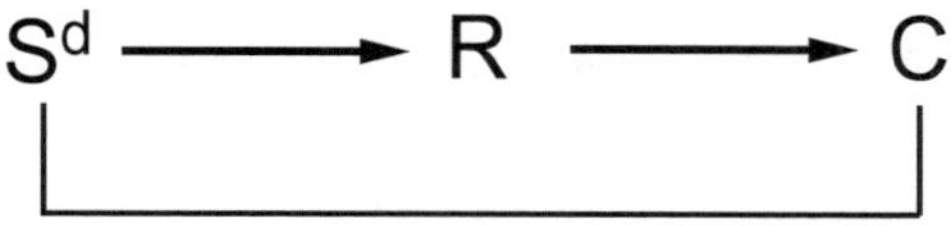

$$S^d \longrightarrow R \longrightarrow C$$

Abbildung 18: Hinweisreiz

Durch das Modelllernen wird aus einer vorher unspezifischen Reizsituation (S) eine Situation, die in Form einer Wenn-Dann-Hypothese Hinweisbedeutung (S^d) hat: Wenn die Reizsituation x vorliegt, dann besteht Aussicht auf Erfolg (C) des Verhaltens R. Dafür im Folgenden einige Beispiele:

- Auf der Ebene experimenteller Tierversuche: Das Versuchstier lernt durch Beobachtung eines anderen Tieres, dass das Hebeldrücken nur dann zu einer Futtergabe führt, wenn die Signallampe leuchtet.
- In der alltäglichen Erziehung: Kinder lernen u.a. am Modell, wann man peinliche Familienangelegenheiten durchaus erzählt (auf der Familienfeier) und wann nicht (bei Fremden).
- In der Schule: Schüler lernen ohne selbst aktiv zu werden, wann der Lehrer durchaus bereit ist, sich vom Thema abbringen zu lassen, worauf er mit bestimmten Impulsen am Anfang der Stunde hinaus will usw. Es reicht, wenn sie stellvertretend Erfahrungen mit dem Verhalten ihrer Mitschüler sammeln.

Nach Banduras Einschätzung sind praktisch alle Lerneffekte, die durch direkte Erfahrung erreicht werden können, auch durch stellvertretende Erfahrungen zu erreichen (vgl. 1969, S. 118). Lernen wird dadurch ungefährlicher, schneller und effektiver. Banduras Differenzierung erleichtert die Unterstützung solcher Lernprozesse, weil genauer danach gefragt wird, was genau durch das Modelllernen erreicht werden soll und wo die Maßnahmen entsprechend anzusetzen sind:

- Soll aus einem unspezifischen neutralen Reiz ein diskriminativer Reiz werden?
- Soll ein Verhalten aufgebaut oder entwickelt werden?
- Sollen Konsequenzen von Verhalten erfahrbar gemacht werden?

Während Bandura und andere Lerntheoretiker sich darum bemühen, sehr konkrete Maßnahmen zu benennen, mit denen bestimmte Modellwirkungen erreicht werden sollen, kommen Modellwirkungen in pädagogischen Texten eher als Geschehnisse vor, die sich in günstigen situativen Konstellationen ereignen, die man aber nicht gezielt herstellen kann (und will?). Darauf und auch auf die zwiespältige Haltung zum Modelllernen wird noch einzugehen sein.

Gegenüber der üblichen Behandlung in der behavioristischen Literatur – auch in der Kritik dieser Literatur – ist hier noch eine wesentliche Ergänzung zum menschlichen und speziell schulischen Lernen notwendig: Modelllernen findet zwar in begrenzter Form auch bei höher entwickelten Tierarten statt, bleibt dann aber an die konkrete Anschauung gebunden – deshalb ist in diesem Fall die Rede vom Beobachtungslernen durchaus angemessen. Menschliches Lernen kann sich aber durch Symbolisierung (Schrift, Sprache usw.) davon lösen, ist also nicht an Beobachtung gebunden. Deshalb ist, wenn die spezifischen Möglichkeiten menschlichen Lernens berücksichtigt werden sollen, der Begriff „Modelllernen" oder „stellvertretendes Lernen", wie er hier verwendet wird, angemessener. Durch die Symbolisierung sind in der Lehre auch gänzlich andere Formen des Modelllernens möglich: Abläufe können einfach erklärt und müssen nicht vorgemacht werden. Innere Prozesse (auch fiktive) anderer Menschen können nachvollzogen und auf ihre mögliche Bedeutung für das eigene Leben geprüft werden. Belohnung und Bestrafung müssen nicht ausgeführt werden, es reicht oft, von ihrer Möglichkeit zu wissen usw.

Merke!

4.6 Lernen als Konstruktion

Dass Lernen natürlich mehr als automatenhaftes Reagieren ist, wurde bereits mehrfach angesprochen – auch, dass dies den Behavioristen, wie etwa dem in dieser Hinsicht immer wieder einseitig rezipierten Skinner, sehr wohl bewusst war. Die Beschränkung auf beobachtbares Verhalten wird bereits bei Bandura und Walters (1963) aufgehoben, die ausdrücklich den operanten Ansatz Skinners ergänzen wollen. 1960 formulierten Miller, Galanter und Pribram in ihrer vielbeachteten Arbeit „Plans and the Structure of Behavior“ (deutsch: „Strategien des Handelns“) den Vorschlag, es sei „vernünftig, zwischen den Reiz und die Reaktion ein bißchen Weisheit einzuschieben“ (1973, S. 12). Diese Weisheit erscheint in ihrer Basiseinheit des Verhaltens – der TOTE-Einheit (Test-Operation-Test-Exit-Einheit) – als Prüfphase (s. Abbildung 19). Sie steht für alle inneren Prozesse, mit denen eine Person einem Reiz/Input eine subjektive Bedeutung verleiht. Eine Lehrerfrage etwa wird als Aufforderung verstanden, das Stuhlkippeln des Nachbarn als Störung und die schlechte Aufsatznote als Beleg dafür, dass der Lehrer unfair zensiert. Entsprechend dieser Bedeutungszuschreibung erfolgt dann die Handlung.

TOTE-Einheit

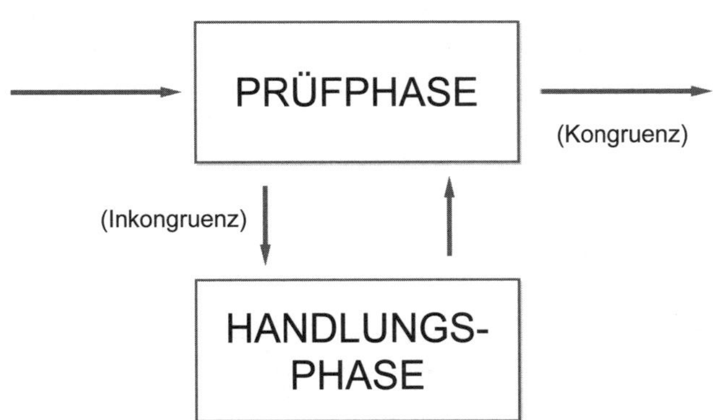

Abbildung 19: TOTE-Einheit nach Miller, Galanter und Pribram (1973, S. 34)

In diesem Modell werden innere Prozesse zur wesentlichen Bedingung dafür, ob eine Handlung erfolgt. Das war ähnlich (s.o.) bereits bei Banduras Unterscheidung von Aneignungs- und Anwendungsphase beim Modelllernen der Fall. Dort entschied die Phase der „Motivation“ darüber, ob ein prinzipiell mögliches Verhalten auch gezeigt wird. Die inneren Prozesse, denen Bandura und Miller, Galanter und Pribram in Abgrenzung zu traditionellen behavioristischen Ansätzen ihre Aufmerksamkeit schenken, bestimmen dann die Diskussion im Rahmen der sogenannten „kognitiven Wende“ in der Psychologie. Neben diesen Weiterentwicklungen behavioristischer Positionen gehen Einflüsse aus ganz unterschiedlichen Denk- und Forschungstraditionen (vgl. dazu Krüssel 1993; Terhart 1999) in ein Lernverständnis ein, das heute überwiegend abkürzend als „konstruktivistisch" bezeichnet wird (vgl. z.B. Hasselhorn/Gold ²2009, S. 60ff.). Entsprechend diesen vielfältigen heterogenen Quellen kann sich unter der Überschrift „konstruktivistisch" allerdings sehr Unterschiedliches verbergen.

Gemeinsam ist konstruktivistischen Vorstellungen, dass letztlich jeder Mensch seine Wahrnehmungen und Erfahrungen anders verarbeitet und sein subjektives Bild der Welt konstruiert. Wie weit dieses Bild mit der Wirklichkeit ‚an sich' übereinstimmt, bleibt grundsätzlich ungewiss, weil von dieser Wirklichkeit nur die verschiedenen Bilder der einzelnen Menschen existieren.

Diese Konstruktion der Wirklichkeit sorgt dafür, dass Lernprozesse und persönliche Veränderungen in Abhängigkeit von individuellen Bedeutungszuschreibungen unterschiedlich verlaufen. Wenn man Lernprozesse in ihrer Vielschichtigkeit und zeitlichen Differenzierung veranschaulichen will, verändern sich die oben vereinfachten Darstellungen (s. Abbildung 20).

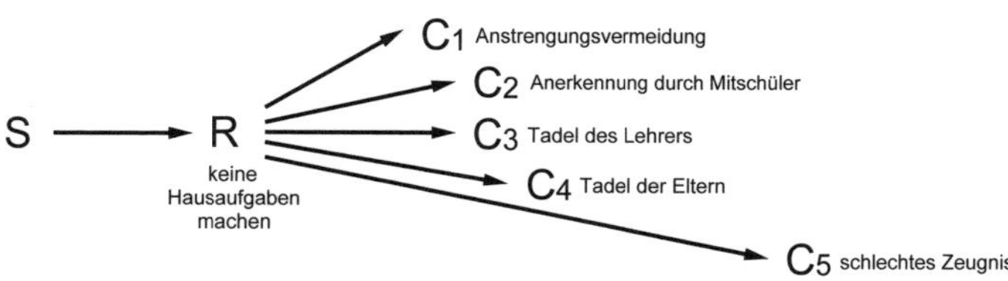

Abbildung 20: Multiple kurz- und langfristige Konsequenzen

Wenn eine einfache Wenn-Dann-Prognose im Rahmen eines Response-Consequence-Schemas gelingen soll, die diese Konstruktion von Bedeutung und ihre Variabilität nicht berücksichtigt, kann dies nur mit Einschränkungen geschehen. Insbesondere bleiben die Gründe des Gelingens/Misslingens und die kurz- und langfristigen Nebenwirkungen unklar.

Das mag in vielen Fällen durchaus reichen. Die bisher behandelten Beschreibungs- und Erklärungsansätze reichen aber nicht mehr, wenn es um komplexere pädagogische Ziele geht, bei denen oft zum Zeitpunkt des pädagogischen Handelns überhaupt noch nicht bekannt sein kann, wie konkret der Erfolg dieser Arbeit irgendwann einmal aussehen wird. Mit Kant lässt sich die Differenz so formulieren:

> „Man dressiert Hunde, Pferde, und man kann auch Menschen dressieren. [...] Mit dem Dressieren aber ist es noch nicht ausgerichtet, sondern es kommt vorzüglich darauf an, daß Kinder denken lernen.“ (1963, S. 17)

Lernen im Konzept der Personal Construct Psychology

Sobald man die Vereinfachungen der behavioristischen Konzepte aufgibt und etwas „Weisheit“ zwischen Reiz und Reaktion einschiebt, wird es allerdings schwierig, Lernprozesse zu beschreiben. Und noch schwieriger, Ergebnisse von Lernprozessen zu prognostizieren.

Wie sich Lernen im Rahmen eines konstruktivistischen Ansatzes beschreiben lässt und auch, warum Prognosen über Lernergebnisse auf dieser Basis erschwert sind, soll hier an der „Personal Construct Psychology“ George A. Kellys (1955) vorgestellt werden. Dieses Konzept bietet sich hierfür an, weil es ein ungewöhnlich differenziertes Modell der menschlichen Persönlichkeit und ihrer Entwicklung bereitstellt.

Grundpostulat

Den Verarbeitungsprozess von Erfahrungen und damit die Entwicklung der Persönlichkeit beschreibt Kelly in einem sogenannten Grundpostulat und elf Korollarien (Folgesätzen), mit denen er dieses Grundpostulat ausgestaltet und konkretisiert. Das Grundpostulat lautet:

> „A person's processes are psychologically channelized by the ways in which he anticipates events.“ (Kelly 1991a, S. 32)

Daran ist in Abgrenzung z.B. zu behavioristischen Konzepten zweierlei wichtig: Die Person wird hier als aktiv, „a form of motion“ (ebd., S. 33), verstanden, nicht als etwas, das erst durch äußere Anstöße (Behavioristen) oder inneren Druck (Tiefenpsychologen) getrieben und aktiviert werden muss. Dem entspricht das Menschenbild, das Kelly vorschlägt: der Mensch als Forscher – und nicht als Opfer von Umwelteinflüssen oder Trieben. Dieser Forscher setzt sich – das ist der zweite wichtige Aspekt im Grundpostulat – kontinuierlich mit seiner Umwelt auseinander, um seine Zukunft zu gestalten. Der Mensch verleiht seinen Erfahrungen Bedeutung, handelt auf dieser Basis, lernt an den Ergebnissen, modifiziert seine Bedeutungszuschreibungen und Handlungen oder behält sie bei Erfolg bei. In diesem Sinne spricht Kelly davon, dass das Verhalten ein Experiment sei (vgl. Kelly 1970), die fortlaufende Überprüfung der persönlichen Hypothesen über die Welt. Dabei ist der Maßstab für Bewährung oder Widerlegung dieser Hypothesen grundsätzlich ein subjektiver.

CPC-cycle

Den Ablauf der Auseinandersetzung mit der Umwelt beschreibt Kelly im „CPC-cycle“ (1991a, S. 379) ähnlich wie Miller, Galanter und Pribram in ihrer TOTE-Einheit als fortlaufenden Prüfprozess. Er unterscheidet bei dieser Prüfung drei Phasen: circumspection (Erkundung), pre-emption (vorläufige Festlegung) und control. Während die Erkundung eine offene Auseinandersetzung mit Erfahrungen bezeichnet, findet im nächsten Schritt (pre-emption) eine vorläufige Bedeutungszuschreibung und Festlegung statt, bevor eine endgültige Festlegung (control) erfolgt. Diese Phasen beschreiben also unterschiedliche lockere oder feste Zustände der Bedeutungszuschreibungen, die individuell unterschiedlich immer wieder neu durchlaufen werden können.

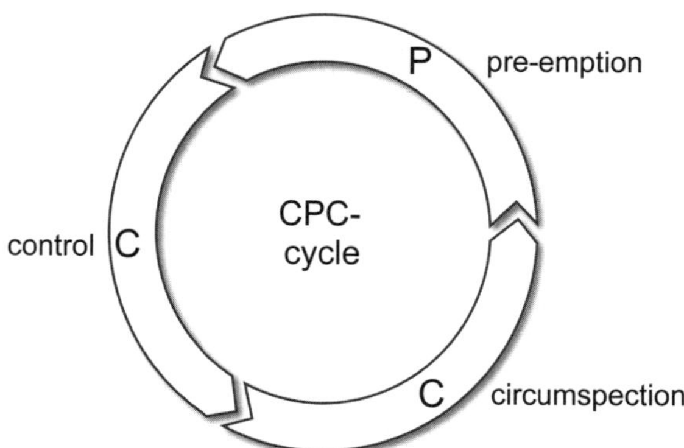

Abbildung 21: CPC-cycle nach Kelly (1991a, S. 379)

Als psychische Basiseinheit schlägt Kelly die Unterscheidung zwischen Wahrnehmungen vor, also eine Aktivität, mit der die Person Erfahrungen zueinander in Beziehung setzt. Er nennt diese Unterscheidung „persönliches Konstrukt". Für die psychische Tätigkeit charakteristisch ist danach, dass Dinge und Ereignisse nicht als identisch wahrgenommen, sondern voneinander unterschieden werden. Diese Unterscheidungen finden bereits auf vorbewusstem Niveau statt, wenn etwa die Pupille auf wechselnde Lichtintensitäten reagiert. Sie können in anderen Fällen auch bewusst sein, wenn die Aufmerksamkeit z.B. gezielt auf etwas gerichtet wird. Und sie können letztlich auch bewusst und verbalisierbar sein, so dass wir z.B. angeben können, warum wir unsere Aufmerksamkeit auf ein bestimmtes Ereignis richten. In ihrer Gesamtheit bilden diese Unterscheidungen, die fortlaufend auf verschiedenen Wahrnehmungs- und Bewusstseinsebenen ablaufen, das Konstruktsystem einer Person, ihr persönliches Bild der Welt. Entsprechend den erkenntnistheorischen Annahmen, von denen auch andere sogenannte konstruktivistische Konzepte ausgehen, ist dieses Bild der Welt grundsätzlich kein getreues Abbild einer objektiven Realität, sondern ein mögliches Bild der Realität, das von der Person konstruiert wird, zu dem es aber Alternativen gibt. Über den Grad der Übereinstimmung mit der Realität ‚an sich' lässt sich grundsätzlich nichts sagen, weil von dieser Realität kein Bild existiert, das nicht Bearbeitungs- und Interpretationsspuren einer konstruierenden Person enthält. Als Kriterium für die Güte eines Weltbildes fällt dessen Realitätsnähe demnach aus, Kelly geht stattdessen von der Brauchbarkeit für die Lebensführung einer Person aus. Deren Beurteilung fällt bekanntlich individuell verschieden aus, Erziehung und Unterricht zielen allerdings darauf ab, ein gesellschaftlich akzeptables Mindestmaß an Übereinstimmung zu sichern.

Korollarien

Wie die Verarbeitung und Organisation von Erfahrungen abläuft, expliziert Kelly weiter in den oben angesprochenen Hilfssätzen (Korollarien). Das konstruktivistische Verständnis des Lernens wird besonders deutlich am Individualitäts-, Erfahrungs- und Fragmentierungs-Korollarium.

Individualitäts-Korollarium

Das Individualitäts-Korollarium lautet:

> „Personen unterscheiden sich in ihren Konstruktionen der Ereignisse voneinander.“ (Bannister/Fransella 1981, S. 12)

Mit dieser Grundannahme nimmt die Personal Construct Theory die Individualität als Ausgangspunkt, während behavioristische Ansätze – zumindest pragmatisch und soweit sich mit dieser Vereinfachung arbeiten lässt – von der Uniformität der Menschen ausgehen. Auf das Lernen bezogen heißt das, dass jeder Schüler die Inhalte anders verarbeitet und genau betrachtet in einer anderen Unterrichtsstunde sitzt. Das gängige Ziel des Unterrichts besteht darin, eine ausreichende Schnittmenge der Verarbeitung zu erreichen. Grafisch dargestellt, ergibt sich mit dem Individualitäts-Korollarium folgende Veränderung:

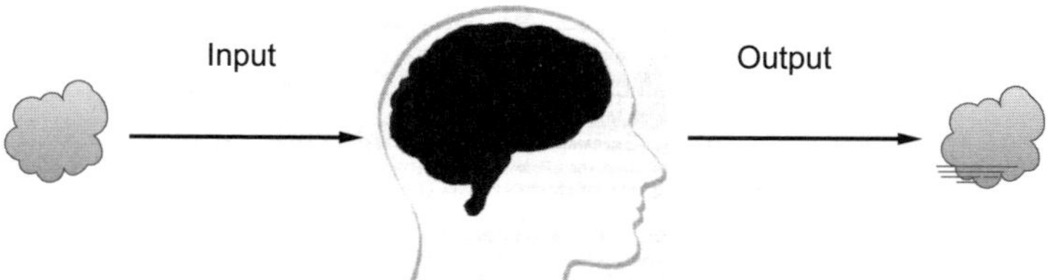

Abbildung 22: Lernen behavioristisch

Der Ausgang des Lernprozesses wird also offener. Und selbst dort, wo herkömmliche Lernerfolgskontrolle einen Erfolg feststellt, kann es sein, dass neben dem, was in der gewünschten Weise verarbeitet wurde, weitere, teils wesentlich interessantere Konstruktionen stattgefunden haben.

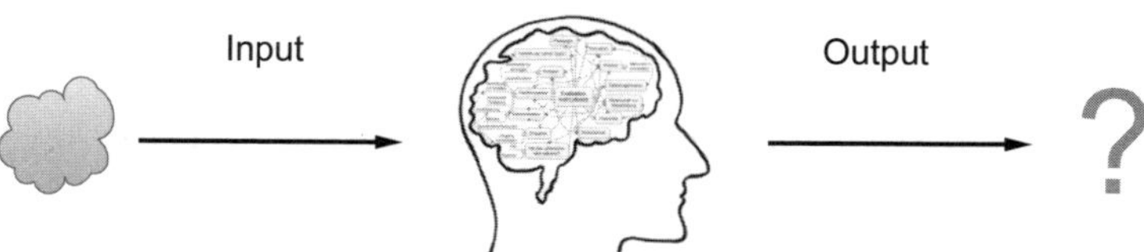

Abbildung 23: Lernen konstruktivistisch

Erfahrungs-Korollarium

Mit dem Erfahrungs-Korollarium stellt sich die Situation noch einmal komplexer dar:

> „Das Konstruktionssystem einer Person verändert sich in dem Maße, wie es ihr gelingt, die Replikationen von Ereignissen nach und nach zu rekonstruieren." (Bannister/Fransella 1981, S. 17)

Vereinfachend können wir danach davon ausgehen, dass sich die Konstrukte einer Person verändern. Derart allgemein formuliert, ergibt sich noch kein Problem für schulisches Lernen, denn das setzt schließlich auch auf Veränderung. Ein Problem wird dann daraus, wenn diese Veränderlichkeit unterschätzt und nur auf die gewollten schulischen Prozesse beschränkt gesehen wird. Abweichend davon finden aber Veränderungen nicht allein in diesen Bereichen und auch dort nicht immer dann und mit der Geschwindigkeit statt, wie Lehrer es sich wünschen.

Fragmentierungs-Korollarium

Die Planbarkeit von Lernprozessen wird weiter in Frage gestellt, wenn ergänzend das Fragmentierungs-Korollarium berücksichtigt wird:

> „Eine Person kann nacheinander eine Vielzahl von Konstrukt-Subsystemen verwenden, die sich nicht auseinander erschließen lassen." (Bannister/Fransella 1981, S. 19)

Anders formuliert: Das Konstruktsystem eines Menschen ist nicht durchgängig widerspruchsfrei aufgebaut, sondern gemäß einer ‚subjektiven Logik', die die friedliche Koexistenz formal nicht verträglicher Konstrukte erlaubt. Dass Menschen so denken, fühlen und handeln, weiß jeder aus Erfahrung, wird allerdings üblicherweise entweder geleugnet oder als menschliche Schwäche behandelt, die noch zu überwinden ist. Als Ideal erscheint dabei der widerspruchsfrei rationale Mensch, wie ihn etwa Ellis (1977) „herbeitherapieren" will. Das Besondere an Kellys Korollarium besteht also nicht darin, festzustellen, dass Menschen inkonsistent konstruieren, sondern darin, dies als normal zu akzeptieren – und nicht als letztlich vermeidbares und überwindbares Defizit.

> Lernen findet also individuell unterschiedlich fragmentiert und stimmig statt. Eine Prognose von Lernergebnissen wird entsprechend erschwert, wenn sie über die Abfrage von relativ oberflächlichen und peripheren Veränderungen hinausgeht, wie sie übliche Lernerfolgskontrollen beinhalten. Im Ergebnis führen die Annahmen Kellys zur persönlichen Konstruktion von Erfahrungen und zu relativ gedämpften Erwartungen an die planmäßige Steuerbarkeit und Prognostizierbarkeit von Lernprozessen.

Andere konstruktivistische Konzepte unterscheiden sich in den theoretischen Traditionen, denen sie verpflichtet sind, in der Radikalität ihrer Erkenntnis- und Lernvorstellungen (vgl. z.B. Krüssel 1993), betonen aber übereinstimmend mit Kelly den Lernprozess gegenüber dem Lernergebnis – weil der Prozess individuell sehr unterschiedlich sein kann und das Ergebnis als nur sehr vermittelt beeinflussbar angesehen wird.

Weiterführende Literatur

Hasselhorn, M./Gold, A. (2009): Pädagogische Psychologie. 2. durchges. Aufl. Stuttgart (Kohlhammer).

Mazur, J. E. (2004): Lernen und Gedächtnis. 5. aktual. Aufl. München u.a. (Pearson).

5. Erinnern

Damit Gelerntes genutzt wird, muss es erst einmal gespeichert und später wieder erinnert werden. Wie funktioniert unser Gedächtnis, wie weit kann man sich darauf verlassen, dass man selbst sich richtig erinnert und man sich auf die Erinnerung der Anderen verlassen kann? Und aus pädagogischem Interesse: Wie kann dafür gesorgt werden, dass das (in der Schule) Gelernte verfügbar bleibt?

5.1 Gedächtnisforschung

Die Verlässlichkeit der Erinnerung hat natürlich schon vor jeder psychologischen und neurophysiologischen Forschung im Alltag Bedeutung. Schließlich hängen von der richtigen Erinnerung die Verlässlichkeit sozialer Beziehungen, Besitzverhältnisse, Rechtsprechung oder Lernerfolge und berufliche Karrieren ab.

Pyschoanalyse

Etwa ab dem Beginn des 20. Jahrhunderts setzt in der Psychoanalyse und in der experimentellen Psychologie eine intensivere Untersuchung des Gedächtnisses ein, allerdings auf methodisch sehr unterschiedlichen Wegen. Freud befasst sich auf eher anekdotischem Niveau mit Fehlleistungen (z.B. Verwechselungen, Verlieren von Dingen) und in diesem Zusammenhang auch mit Erinnerungsfehlern. Sein Interesse ist es, in diesen Fehlern Regelmäßigkeiten aufzudecken, die über verborgene Motive, die zu diesen Fehlleistungen führen, aufklären können (vgl. Freud 1971). In dieser Tradition psychotherapeutisch motivierter Gedächtnisforschung steht auch Spence (1982), der sich mit der Frage befasst, wie weit es möglich ist, wahre von erfundenen Erinnerungen (historical vs. narrative truth) zu unterscheiden. Mit ähnlichem Interesse sind auch autobiographische Texte immer wieder auf ihren historischen Wahrheitsgehalt überprüft worden (vgl. Henningsen 1981).

Experimentelle Gedächtnisforschung

Neben dieser eher kasuistisch-anekdotischen Forschungstradition gibt es eine experimentelle Gedächtnisforschung, die am Beginn der Entwicklung der Psychologie zu einer experimentell-empirisch arbeitenden Wissenschaft steht (vgl. z.B. Wundt 1909;

Thomae/Feger 1969). Zu den Ergebnissen solcher Gedächtnisexperimente gehören z.B. Vergessenskurven, wie sie Ebbinghaus in Selbstversuchen zur Behaltensleistung bei sinnlosen Silben gewonnen hat.

Diese Untersuchungen fanden allerdings unter extrem reduzierten Laborbedingungen und an ebenfalls sehr reduzierten Gedächtnisinhalten statt. Wesentlich alltagsnäher waren im Vergleich die Untersuchungen, die in der neueren Vergangenheit durchgeführt wurden, um speziell die Verlässlichkeit von Zeugenaussagen zu überprüfen (vgl. Loftus 1979; Kotre 1996).

Ergänzt wurden solche Gedächtnisexperimente immer wieder durch klinische Befunde von Unfallopfern und verwundeten Soldaten mit Kopfverletzungen, von denen man sich Aufschluss darüber versprach, welche Gehirnarreale für das Gedächtnis welche Aufgaben übernehmen.

Gemeinsam ist diesen Untersuchungen, dass sie es mit einer typischen Black-Box-Situation zu tun haben: Wir können das Gedächtnis nicht bei der Arbeit beobachten, sondern nur Input und Output vergleichen und auf dieser Basis auf die dazwischen ablaufenden Prozesse schließen.

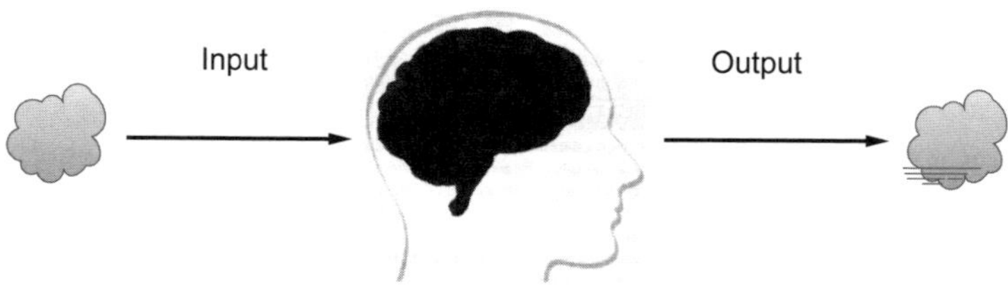

Abbildung 24: Das Gedächtnis als Black Box

Bildgebende Verfahren

Man variiert also den Input, Art und Bedingungen der Präsentation von Reizen wie z.B. Anzahl der sinnlosen Silben, Geschlecht oder Hautfarbe der Personen in einer zu beobachtenden Situation, und überprüft den Einfluss auf die Erinnerung. Neuere neurophysiologische Untersuchungen mit bildgebenden Verfahren können zwar auch die Hirnaktivitäten sichtbar machen, die zwischen Input und Output ablaufen, liefern aber vieldeutige Daten.

Sie zeigen die Aktivität (Durchblutung) von Hirnarealen in der Folge eines bestimmten Inputs. Diese Hirnareale (Voxel) haben zwar nur eine Ausdehnung von wenigen Millimetern, umfassen aber hunderttausende Neuronen, sind also neurophysiologisch noch recht komplexe Bereiche. Vor allem aber informieren die Messverfahren nur darüber, *dass* dort etwas stattfindet, nicht aber darüber, *was* das ist (vgl. z.B. von Foerster [7]1992). Diese Untersuchungen zeigen zwar den Geist bei der Arbeit, lassen aber im Unklaren, worin diese Arbeit besteht.

> Entsprechend provisorisch sind die Gedächtnismodelle, die auf dieser Forschung basieren. Man kann unterschiedliche Funktionen, die das Gedächtnis übernimmt, differenzieren und kennt Variablen, die auf die Ausübung einer Funktion in spezifischer Weise Einfluss nehmen. Uneinigkeit herrscht allerdings darüber, wo genau im Gehirn welche Prozesse ablaufen und wie weit die einzelnen Prozesse noch weiter differenziert werden sollen/können. So gehen z.B. die Vorstellungen darüber, wie eng die Verbindung von Kurz- und Langzeitgedächtnis angenommen werden sollte, in verschiedenen Forschungstraditionen deutlich auseinander (vgl. Hasselhorn/Gold 2009, S. 73; Woolfolk [10]2008, S. 318), ebenso besteht keine Einigkeit darüber, ob es Vergessen im Langzeitgedächtnis überhaupt gibt oder nur der Zugang zu den Inhalten misslingt (vgl. Woolfolk [10]2008, S. 327).

Die im Folgenden dargestellten Modelle vermitteln daher auf den ersten Blick einen überpräzisen Eindruck. Sie veranschaulichen aber nur Vorgänge, über deren genaue Abläufe man recht wenig sicher sagen kann.

5.2 Gedächtnismodelle – Funktionsweise des Gedächtnisses

Das Modell der Informationsverarbeitung im Gedächtnis, mit dem heute im Anschluss an Atkinson und Shiffrin (1968) üblicherweise gearbeitet wird, unterscheidet zwischen sensorischem Register, Kurz- und Langzeitgedächtnis.

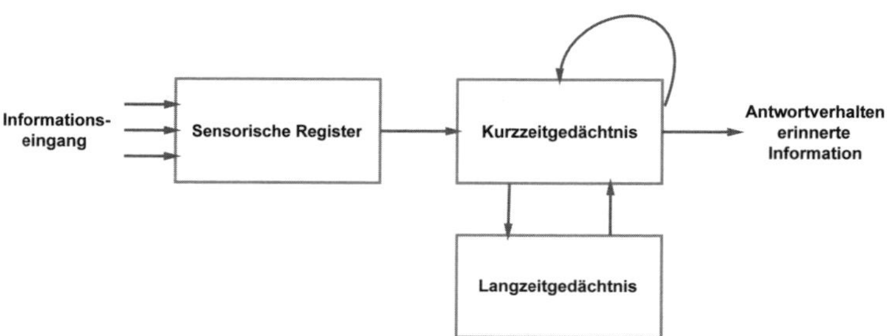

Abbildung 25: Informationsverarbeitung: Gedächtnis

Das Modell geht davon aus, dass etwas erst einmal Aufmerksamkeit erregen muss, um wahrgenommen zu werden. Es muss also durch den Filter des sensorischen Registers gelangen. Von den zahllosen Eindrücken, mit denen wir fortlaufend konfrontiert sind, werden wenige als ‚relevant' herausgefiltert. Was als relevant behandelt wird und Aufmerksamkeit findet, ist einmal abhängig von der Funktionsweise unserer Sinne, zum anderen ist es Ergebnis der individuellen biographischen Erfahrungen und Bedeutungszuschreibungen. Dass wir auf etwas aufmerksam werden, ist uns allerdings nur im Ausnahmefall auch bewusst.

Die nächste Stufe der Verarbeitung erfolgt dann im Kurzzeit- oder Arbeitsgedächtnis. Hier wird nur eine sehr begrenzte Informationsmenge sehr kurze Zeit gespeichert, bevor sie entweder vergessen oder weiterverarbeitet wird. Die Annahmen darüber, wie groß die Informationsmenge ist und wie lange sie ohne weitere Verarbeitung erhalten bleibt, gehen auseinander. Hasselhorn und Gold ([2]2009, S. 72) referieren zwar die gängige Annahme von sieben plus/minus zwei Einheiten, kommen dann aber auch auf der Basis eigener Untersuchung zu der Einschätzung, dass diese Vorstellung „zu statisch" sei – was nicht allzu sehr überrascht (vgl. auch S. 77f.). Denn, wie bei allen anderen psychischen Prozessen wird man auch hier mit Variationen in Abhängigkeit von zahlreichen Variablen rechnen müssen (individuelle Voraussetzungen, situative Bedingungen, Art der Information usw.) (vgl. z.B. Hasselhorn/Gold [2]2009, S. 74). So bleibt nur die Aussage, dass Informationen schnell (nach 5-20 Sekunden) vergessen werden, wenn nichts mit ihnen geschieht.

Im Vergleich mit dem Arbeitsgedächtnis geht man davon aus, dass das Langzeitgedächtnis weder zeitliche Beschränkungen hat, noch Beschränkungen der Informationsmengen. Das Langzeitgedächtnis wird häufig mit einer Bibliothek verglichen. Für die Speichervorgänge ist dieses Bild sicher unangemessen, weil es die Vorstellung einer Schubladenorganisation des Gehirns unterstützt, bei der Informationen an einem festen Ort abgelegt werden. Tatsächlich muss man sich die Speicherung wohl eher als einen dynamischen Vorgang vorstellen, bei dem Inhalte in Bewegung und ‚in der Schwebe' gehalten werden. Angemessener ist das Bild der Bibliothek dann, wenn es um den Zugang zu Informationen und ihren Abruf geht: Genauso wie eine Bibliothek nur dann genutzt werden kann, wenn ein geeigneter Katalog zur Verfügung steht, werden im Langzeitgedächtnis gespeicherte Informationen nur durch geeignete Suchstrategien zugänglich.

Die Prozesse, die zu einer erfolgreichen Verarbeitung, Speicherung und späteren Nutzung von Informationen erforderlich sind, veranschaulicht Abbildung 26 im Überblick:

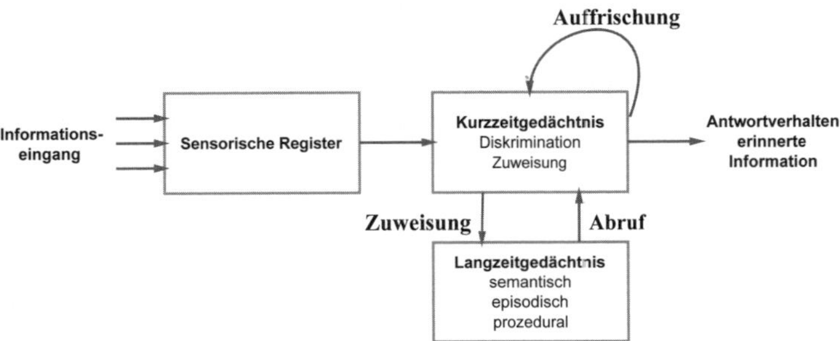

Abbildung 26: Informationsverarbeitung: Prozesse

Umgekehrt tritt Vergessen dann ein, wenn an den Verarbeitungspunkten Störungen auftreten. Im Wesentlichen werden vier Probleme unterschieden (vgl. Hasselhorn/Horn [2]2009, S. 57f.):

- Auffrischungsprobleme
- Interferenzprobleme
- Spurenzerfallprobleme
- Zugriffs-/Abrufprobleme

Abbildung 27: Gedächtnis: Störungen des Gedächtnisses

Auffrischungsprobleme

Die Auffrischungsprobleme betreffen das Kurzzeitgedächtnis mit seiner kurzen Haltezeit von wenigen Sekunden. Damit die Information nicht vergessen wird, muss sie wiederholt oder bearbeitet, also aktiviert werden (vgl. Woolfolk [10]2008, S. 316). Damit die Information nicht vergessen wird und ins Langzeitgedächtnis übernommen werden kann, sind nach Woolfolk (ebd.) die folgenden Strategien der Erhaltung geeignet: Elaboriertes Wiederholen und Chunking. Im ersten Fall wird die neue Information mit bereits Bekanntem im Langzeitgedächtnis in Beziehung gesetzt, im zweiten Fall werden Einzelinformation gruppiert: „Da die Anzahl der Bits, aber nicht deren Umfang, die Beschränkung des Arbeitsgedächtnisses ausmachen, kann man mehr Informationen halten durch deren Gruppierung“ (ebd., S. 317).

Interferenzprobleme

Die Interferenzannahme geht davon aus, dass sich verschiedene Informationseinheiten überlagern können und dadurch ihre Speicherung gestört wird. Die Frage, welche Vorstellungsinhalte mit welchen anderen interferieren könnten, spielte bereits in der Assoziationspsychologie der Herbartianer eine große Rolle.

Sie versuchten, die Darbietung neuer Informationen so zu organisieren, dass solche Störungen vermieden und die Stärkung gewünschter Vorstellungen optimiert würde.

Spurenzerfall

Die Annahme des Spurenzerfalls entspricht, wenn sie auf das Kurzzeitgedächtnis bezogen wird, dem oben angesprochenen Problem unzureichender Auffrischung. Informationen, die nicht bearbeitet werden und aktiviert bleiben, gehen verloren (vgl. Woolfolk [10]2008, S. 317f.). Wenn von Spurenzerfall im Langzeitgedächtnis gesprochen wird, geht diese Annahme auf die Vorstellung zurück, dass Gehirnaktivitäten und damit auch Speicherprozesse von chemischen Veränderungen und/oder elektrischen Kapazitätsänderungen begleitet sind, die Spuren hinterlassen, indem sie z.B. bestimmte neuronale Verbindungen stärken (ebd., S. 329). Ein Spurenzerfall bestünde dann entsprechend in der Degeneration solcher Verbindungen. Diese Annahme arbeitet noch mit der anschaulichen Vorstellung, man könne Erinnerungen bzw. die Resultate von Speicherprozessen lokal im Gehirn verorten. Diese Vorstellung hat sich zwar inzwischen als nicht haltbar herausgestellt, vom Spurenzerfall ist aber weiter die Rede, wenn ein allmähliches Schwinden der Erinnerung im Langzeitgedächtnis angenommen wird. Andere Autoren gehen hingegen, wie bereits angesprochen, davon aus, dass nichts verloren geht, sondern nur nicht mehr abgerufen werden kann.

Zugriffsprobleme

Diese Zugriffsprobleme beziehen sich speziell auf den Abruf von Informationen aus dem Langzeitgedächtnis. Vergessen kann dann mit dem Bild der Bibliothek so veranschaulicht werden, dass der Katalog dieser Bibliothek nicht verfügbar ist oder Lücken hat. Wiederum vermittelt das Bild eines Bibliothekkatalogs eine zu statische Vorstellung von der Funktionsweise des Gedächtnisses, wie es heute gesehen wird. Angemessener wäre eher die Vorstellung eines umfangreichen Schlagwortkataloges oder in Analogie zum Internet eine vielfältige Verlinkung, um anzugeben, wie Zugriffsproblemen begegnet werden kann.

Für diese Annahmen über Vorgänge des Vergessens gilt wie für die über die Funktionen des Gedächtnisses insgesamt, dass die Erklärungsansätze in der Literatur kontrovers diskutiert werden. Darüber hinaus lässt sich auf der Basis der vorliegenden Untersuchungen kaum präzise angeben, welche Variablen wie wirken, wie entsprechend die Gedächtnisleistung zuverlässig gesteigert und Vergessen abgeschwächt werden kann. Wenn z.B. zunächst gesagt wird, dass etwas Aufmerksamkeit bewirken muss, um dann gegebenenfalls weiterverarbeitet und gespeichert zu werden, ist das selbstverständlich. Was aber Aufmerksamkeit sichert und gleichzeitig nicht durch ein Überangebot an Reizen die Gefahr von Interferenzen heraufbeschwört, lässt sich abseits der Laborwirklichkeit mit ihren reduzierten Reizbedingungen nur vermuten. Das gilt ähnlich, wenn genauer danach gefragt wird, welche Interferenzen wann welche Wirkung haben oder welche Bedingungen genau den Zugriff auf Gedächtnisinhalte erleichtern oder erschweren (vgl. auch Hasselhorn/Gold [2]2009, S. 80). Die Laborexperimente, die dazu üblicherweise durchgeführt werden, werfen nicht nur hinsichtlich ihrer Inhaltsvalidität, also der Frage, was sie eigentlich messen, sondern auch hinsichtlich ihrer externen Validität, also der Übertragbarkeit auf Alltagskontexte, mehr Fragen auf als sie beantworten.

5.3 Curriculares Erinnern vs. (auto-)biographisches Erinnern

Die Pädagogische Psychologie befasst sich mit dem Gedächtnis vor allem im Zusammenhang mit der Speicherung und Erinnerung der schulischen Inhalte, wie sie in Lehrplänen und Unterrichtsplanungen erscheinen. Die Speicherung und Erinnerung dieser Inhalte soll hier „curriculares Erinnern" genannt werden. In einer Unterscheidung, die v. Hentig (1976, S. 89) einmal formuliert hat, geht es dabei um die *Lern*probleme der Schüler, ausgeklammert werden ihre *Lebens*probleme. Die Erinnerungsleistungen, die in diesem nicht thematisierten Bereich bedeutsam sind, sollen hier als „(auto-)biographisches Erinnern" bezeichnet werden.

Die Frage, ob die Pädagogik für mehr als den Kopf der Schüler und ihr Fachlernen zuständig sein kann und soll, wird seit der Aufklärung immer wieder neu kontrovers und nicht selten mit erheblicher emotionaler Aufladung diskutiert, etwa in der zugespitzten Gegenüberstellung von Schülerbildern: „Lerner oder

Menschen?“ (Diederich/Rumpf 1984). Diese Diskussion kann und soll hier nicht aufgenommen und schon gar nicht zugunsten einer bestimmten Lösung abgeschlossen werden. Gezeigt werden soll aber, wie sich die Beschäftigung mit dem Gedächtnis in pädagogischen Kontexten ändern muss, wenn auch (auto-)biographische Erinnerungen thematisiert werden.

Zur Orientierung soll dabei die folgende Grafik dienen, die verschiedene Arten der Erinnerung und der Art ihrer Speicherung im Langzeitgedächtnis unterscheidet:

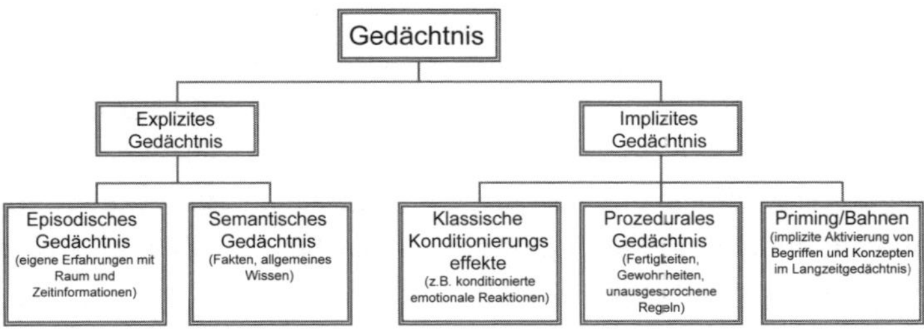

Abbildung 28: Funktionen des Langzeitgedächtnisses (nach Woolfolk 2008, S. 320)

Curriculares Erinnern

Wenn man diese Grafik verwendet, um die spezifischen Leistungen zu charakterisieren, die für das curriculare Erinnern erforderlich sind, hat das semantische Gedächtnis besondere Bedeutung. Es umfasst die schulischen Inhalte, die gekonnt werden sollen, wenn von schulischem Erfolg gesprochen wird. Diese Inhalte sollen möglichst korrekt, und das heißt hier üblicherweise: als exakte Kopie des Inputs, gespeichert und bei Gelegenheit in einer Prüfung reproduziert werden. Wo ein weniger materiales Bildungsverständnis bestimmend ist und formale Aspekte eine größere Bedeutung bekommen, betrifft dies das prozedurale Gedächtnis – allerdings nicht allein in impliziter Form, wie in der Grafik angegeben. Mit dem formalen Bildungsaspekt wird üblicherweise die Vorstellung verbunden, dass der Lernende nicht nur routiniert, aber vorbewusst, über Prozeduren verfügt, wie sie etwa durch einen Vermittlungsprozess erworben werden, der auf Vormachen und Nachmachen beschränkt ist. Die Vorstellung ist vielmehr, dass die Verfügung über diese Prozeduren zumindest zu einem Teil im Sinne der oben angesprochenen Metakognitionen bewusst ist und vom Lernenden zur Strukturierung und Nutzung von Inhalten eingesetzt werden kann. Aber auch im Fall eines eher formalen Bildungsverständnisses ist der Maßstab für die Güte der Erinnerung, wie weit die Regeln und Prozeduren *richtig* erinnert werden. Entsprechend bemisst sich auch der Erfolg der Lehre für den Bereich des curricularen Erinnerns nach der Richtigkeit des Erinnerten.

Der wesentliche Unterschied zwischen curricularen und (auto-)biographischen Erinnerungen lässt sich an der Grafik oben verdeutlichen. *Merke!* Während beim curricularen Erinnern das semantische Gedächtnis eine große Rolle spielt, ist es beim autobiographischen Erinnern das episodische Gedächtnis. Diese verschiedenen Arten des Erinnerns sind zwar nicht jeweils exklusiv für curriculare oder autobiographische Gegenstände, haben aber eine jeweils unterschiedliche Bedeutung und werden an anderen Maßstäben gemessen. Gutes Erinnern wird unterschiedlich gelernt und macht auch eine andersartige Förderung notwendig.

(Auto-)biographisches Erinnern

Erfahrungen werden nicht nur als Fakten, sondern auch in Form eher bildhafter Vorstellungen, Stimmungen und sensorischer Eindrücke gespeichert, die einer Erfahrung eine spezifische Bedeutung verleihen. Von diesen anderen Qualitäten einer Erinnerung wird abgesehen, wenn curriculares Erinnern auf die Fakten reduziert wird. Natürlich haben auch schulische Inhalte in der Erfahrung der Schüler andere Dimensionen. Diese können z.B. stören oder verhindern, dass die Inhalte in der gewünschten Form, nämlich als möglichst genaue 1:1-Kopie des Inputs, erinnert werden. Üblicherweise werden diese nicht vorgesehenen anderen Dimensionen der schulischen Inhalte ausgeblendet und ihre Wirkungen als Lern- oder Verhaltensstörungen behandelt. Ist dieser Zugang schon verkürzt, wenn ein eher konstruktivistisches Lernverständnis zugrunde gelegt wird und die Relevanz subjektiv bedeutsamer Kontexte für das Behalten (s.o.) berücksichtigt wird, erweist er sich als gänzlich unbrauchbar, wenn es um das autobiographische Erinnern geht. Schacter (2005) beschreibt die Arbeitsweise des Gedächtnisses so:

Wir stellen „uns Erinnerungen meist als Momentaufnahmen aus einem Familienalbum vor, die wir – wenn sie richtig aufbewahrt werden – in genau demselben Zustand wieder herausnehmen können, in dem wir sie eingeordnet haben. Doch wir wissen heute, dass wir unsere Erfahrungen nicht wie eine Kamera aufzeichnen. Unser Gedächtnis arbeitet anders. Aus unseren Erlebnissen filtern wir Schlüsselerlebnisse heraus, und nur diese speichern wir. Dann erschaffen wir unsere Erlebnisse neu und rekonstruieren sie, statt einfach Kopien von ihnen abzurufen. In den Rekonstruktionsprozess fließen manchmal Gefühle, Überzeugungen oder auch Informationen ein, die wir nach dem Erlebnis erworben haben. Mit anderen Worten, wir verzerren unsere Erinnerungen an die Vergangenheit, indem wir ihnen Emotionen oder Informationen zuschreiben, die wir uns erst im Nachhinein angeeignet haben." (S. 21)

Erinnern verbindet also, auch im psychiatrisch unbedenklichen ‚Normalfall', Reproduktion und Kreation. Max Frisch ([6]1972) hat das so formuliert:

> „Der Vorfall, der uns verfolgt, weil er unsere Erfahrung auszudrücken vermag, braucht nie geschehen zu sein, aber damit man unsere Erfahrung versteht und glaubt, damit wir uns selber glauben, tun wir, als wäre es gewesen. [...] Jeder Mensch erfindet sich eine Geschichte, die er dann, oft unter gewaltigen Opfern, für sein Leben hält, oder eine Reihe von Geschichten, die sich mit Ortsnamen und Daten durchaus belegen lassen, so daß an ihrer Wirklichkeit nicht zu zweifeln ist."

Erinnern ist also kreatives Erinnern (vgl. Ross/Buehler 1994): Wir interpretieren unsere Vergangenheit mit dem Wissen, den Begriffen und den Bedürfnissen, die wir in der Gegenwart haben. Wir wissen inzwischen mehr, wissen vor allem, wie sich die Dinge weiterentwickelt haben. Wir haben inzwischen andere Wahrnehmungsmuster, finden andere Aspekte wichtig als damals. Und wir haben vor allem einen Verwendungszweck für die Erinnerung.

Die Erinnerung ist, mit Spence (1982) formuliert, eine Mischung aus historischer (historical) und narrativer Wahrheit (narrative truth), wobei sich, wenn nicht eindeutige zusätzliche Belege vorliegen, an der Art der Erinnerung (z.B. Lebhaftigkeit oder Detailreichtum) nicht unterscheiden lässt, was tatsächlich so geschehen ist und was nicht (vgl. Kotre 1996, S. 236). Das ist z.B. bei der Verlässlichkeit von Zeugenaussagen (vgl. Loftus 1979) von großer Bedeutung. Für die Reproduktion schulischer Inhalte ist diese Unsicherheit insofern nicht wesentlich, als durch den Lehrer letztgültig festgelegt wird, was die richtige Erinnerung ausmacht. Die Probleme bestehen in diesem Fall vor allem darin, Inhalte bereits so zu vermitteln, dass die Reproduktion präzise und mit möglichst geringen kreativen, weil störenden, Zutaten gelingt.

Wenn es um die autobiographische Erinnerung geht, besteht heute aber weitgehende Einigkeit darüber, dass eine quasi fotografische Reproduktion nicht erwartet werden kann und in vielen Verwendungskontexten – wenn man nicht gerade als Zeuge aussagen muss – auch nicht erforderlich ist (vgl. Henningsen 1981). Von manchen Autoren (vgl. z.B. Kotre 2005, S. 245) wird die Brauchbarkeit der autobiographischen Erinnerung für die persönliche Stabilität und Lebensführung sogar gerade darin gesehen, dass die historische Wahrheit der narrativen Wahrheit nicht rigoros disziplinierend im Wege steht, so dass sich Freiräume für wechselnde Ausgestaltungen ergeben.

Entwicklung einer (auto-)biographischen Erinnerung

Eine Geschichte zu erfinden, die man dann für sein Leben halten kann (um es mit Frisch zu formulieren), muss man lernen. Der Lernprozess, wie man sich richtig erinnert, beginnt mit der Geburt. „Richtig“ nicht im Sinne einer Übereinstimmung der Erinnerung mit dem, wie es tatsächlich gewesen ist, sondern im Sinne einer Geschichte, die akzeptabel ist. Akzeptabel nicht nur für uns selbst, sondern auch für Andere, denn Erinnern ist in mehrfacher Hinsicht ein soziales Phänomen: Wir lernen es zusammen *mit* Anderen und *von* ihnen. Und wir lernen es *für* das Zusammenleben, denn Erinnerungen haben auch einen sozialen Zweck (vgl. Kotre 1996; Middleton/Edwards 1990).

Wie man sich richtig erinnert, lernen Kinder zunächst in der Familie, etwa in Gesprächen, in denen die Eltern den Kindern von vergangenen gemeinsamen Erfahrungen erzählen: „Weißt Du noch, wie wir ...“. Später übernehmen dann die Kinder Teile der Erzählung selbst. Schließlich werden solche Erzählungen von den Erwachsenen nur noch angestoßen und evtl. kommentiert. Wichtig dabei ist, dass die Kinder zunächst am Modell ihrer Eltern und dann durch eigenes Üben lernen, wie man eine Geschichte aufbaut, wie man anfängt und aufhört, was man erzählt, was man weglässt, welche Aspekte man nur kurz behandelt, welche ausschmückt usw. Woolfolk ([10]2008) spricht hier von der Geschichtengrammatik und den Ereignisschemata, die man erwerben muss.

Je nach sozialem Kontext gelten dabei andere Standards: Was im einen Kontext eine gute Erinnerung ist, kann in einem anderen Kontext Verwunderung hervorrufen oder als unpassend erscheinen. Das gilt bereits innerhalb der Familie für Kinder unterschiedlichen Geschlechts: Fivush (1994) konnte zeigen, dass Mütter und Väter mit ihren 2½- bis 3½-jährigen Kindern über vergangene Familienaktivitäten je nach Geschlecht unterschiedlich sprechen. Die Gespräche mit Mädchen waren z.B. länger, die Eltern stellten mehr Fragen und gaben mehr Informationen. Außerdem kamen in Gesprächen mit Mädchen emotionale Aspekte deutlich häufiger vor, zudem im Vergleich mit den Jungen andere Emotionen. Schließlich wurden diese Emotionen in Gesprächen mit Mädchen und Jungen unterschiedlich eingebettet: Emotionen kamen in den Gesprächen mit Jungen eher als individuelle Erfahrung vor, in den Gesprächen mit Mädchen eher als Erfahrung zusammen mit Anderen.

6. Gelerntes nutzen

Was man weiß, kann und erinnert, wird nicht zwangsläufig auch genutzt. Dafür muss es ausreichende Gründe geben. Welche das sein können, warum sie in der Schule häufig zu fehlen scheinen und was sich daran ändern lässt, beschäftigt die Pädagogische Psychologie unter der Überschrift „Motivation".

„Motivation" bezeichnet die situative Bereitschaft zur Umsetzung einer situationsüberdauerenden Bereitschaft, eines „Motivs".

Diese Definition ist sehr gebräuchlich, sie unterscheidet zwischen einer stabilen, situationsüberdauernden Bereitschaft, dem Motiv, z.B. Sport zu treiben, und dem tatsächlichen Verhalten gemäß diesem Motiv in einer bestimmten Situation. Dabei ist das Motiv, wie auch das Denken oder Erleben, eine nicht beobachtbare, konstruierte Größe, etwas, das man sich als Auslöser des beobachtbaren Verhaltens vorstellt.

Die Motivation gehört zu den Standardthemen der Pädagogischen Psychologie, die Beschäftigung mit ihr dürfte unter Pädagogen als selbstverständlich gelten. Die Pädagogische Psychologie nimmt dabei gewissermaßen eine schuloffizielle Perspektive ein, nach der die Beschäftigung mit schulischen Angeboten als Normalfall und deren Verweigerung als Störung erscheint. Diese Störung ist allerdings, wenn man sich ihre publizistische Beachtung ansieht, nicht eben selten. Und das ist wenig verwunderlich, wenn man sich daran erinnert, dass die Schule eine Veranstaltung der Erwachsenen ist, die Heranwachsende dazu bringen soll, Dinge zu tun, die sie von sich aus nicht oder jedenfalls so nicht tun würden. So betrachtet ist eher die Verweigerung erwartbar, und es muss erst noch etwas dafür getan werden, dass Heranwachsende subjektiv ausreichende Gründe sehen, sich mit dem Gebotenen zu befassen. Trapp rät:

> „Eine notwendige Regel bei Erziehung und Unterricht scheint mir die zu sein, daß man sich in jedem Zögling Abneigung oder wenigstens Gleichgültigkeit gegen das vorstelle, was er tun soll" (1913, S. 91).

Weil Unterricht eine Maßnahme ist, um bei Schülern Lernprozesse zu fördern, die nicht stattfänden, wenn man die Schüler sich selbst überließe, spricht Schleiermacher 1826 davon, dass man von den Schülern ja erwarte, einen Augenblick ihres Lebens für einen zukünftigen zu opfern, wenn man von ihnen verlange, sich mit einem bestimmten Inhalt zu beschäftigen – während sie eigentlich viel lieber etwas anderes tun würden (Schleiermacher 1964, S. 84). Da diese Zumutung konstitutiv für den schulischen Unterricht ist, hat die Beschäftigung damit, wie man Schüler *trotzdem* zum Lernen bringt, in der Pädagogik eine lange Tradition. Dabei klaffen allerdings die Bewältigungsversuche in Theorie und Praxis deutlich auseinander. Während pädagogische Theorien versuchen, das Lernen angenehmer zu machen, ist in der Praxis häufiger bestimmend, wie man das Nicht-Lernen möglichst unangenehm macht, etwa durch Verweise, schlechte Noten usw. Lerntheoretisch gesprochen: Während die Theorie eine positive Kontrolle des Verhaltens betont, ist in der Praxis eine aversive Kontrolle von erheblicher Bedeutung, heute allerdings subtiler als zu den Zeiten, in denen Prügel an der Tagesordnung waren.

Aversive statt positive Kontrolle

In der Literatur werden vor allem die folgenden Gründe behandelt, die jemanden dazu veranlassen, sich mit einer Sache zu beschäftigen: Interesse, das Bedürfnis, die eigene Leistungsfähigkeit zu steigern, die Zuversicht, einen nennenswerten Einfluss ausüben zu können und damit erfolgreich zu sein. Das klingt in dieser Form eher banal, wirkt allerdings in der Terminologie der Arbeiten zur Motivation deutlich imposanter. Dabei kann auch der Eindruck entstehen, die Motivationsforschung habe es mit ganz eigenen Prozessen zu tun, jedenfalls mit anderen als die Lernforschung. Tatsächlich ist das, was Menschen dazu veranlasst, ihr Denken und Verhalten zu ändern, also zu lernen, aber ebenso entscheidend dafür, ob sie das Gelernte nutzen oder nicht. In Banduras Erklärungsansatz zum Modelllernen ist bereits die Differenz zwischen Kompetenz und Performanz zur Sprache gekommen, und die Bedeutung von Erfolgserwartungen für die Nutzung des an Modellen Gelernten. Motivationstheorien betonen im Vergleich mit den behavioristischen Lerntheorien die Bedeutung innerer Prozesse, insbesondere befassen sie sich mit den Erwartungen, die das Verhalten bestimmen. Um die Bezüge zwischen Lern- und Motivationstheorien zu verdeutlichen, wird im Folgenden die bereits bekannte Darstellung der Verhaltenskette verwendet. Diese Kette wird dazu um das für die Motivationstheorien wichtige Glied „expectation" erweitert.

6.1 Interesse

Intrinsische und extrinsische Motivation

Das Interesse wird üblicherweise unter der Gegenüberstellung intrinsischer und extrinsischer Motivation behandelt (vgl. Hasselhorn/Gold [2]2009, S. 104f.). Dabei bezeichnet die intrinsische Motivation einen Zustand, der von Pädagogen erträumt wird: Jemand beschäftigt sich aus freien Stücken mit einer Sache und muss dazu nicht erst durch äußere Anreize gedrängt oder gelockt werden, wie dies bei der extrinsischen Motivation der Fall ist. Die Beschäftigung ist bei der intrinsischen Motivation Selbstzweck. Bei Tieren und kleinen Kindern spricht man auch von „Funktionslust", um diesen Antrieb zur Beschäftigung mit einer Sache zu bezeichnen.

Bestünde das Curriculum der Schule nur aus Dingen, die Kinder ohnehin interessant und anregend finden, könnte sie sich auf diese intrinsische Motivation stützen. Lehre könnte sich dann darauf konzentrieren, Material bereitzustellen und die eigenaktiv ablaufende Auseinandersetzung mit diesen zu unterstützen. Diese Vorstellung ist in vielen pädagogischen Reformkonzepten enthalten, die den Lehrer vor allem als „Facilitator" (vgl. Rogers 1974) sehen, als Helfer und Unterstützer der Eigenaktivität der Lernenden. Diese Konzepte setzen üblicherweise bei der ursprünglichen Fragelust und dem spontanen Interesse der Kinder an und fordern, dieses Interesse lebendig zu erhalten und nicht durch die Disziplinierung der Schule zu verschütten und zu zerstören.

Als Verhaltensketten lassen sich intrinsische und extrinsische Motivation so darstellen:

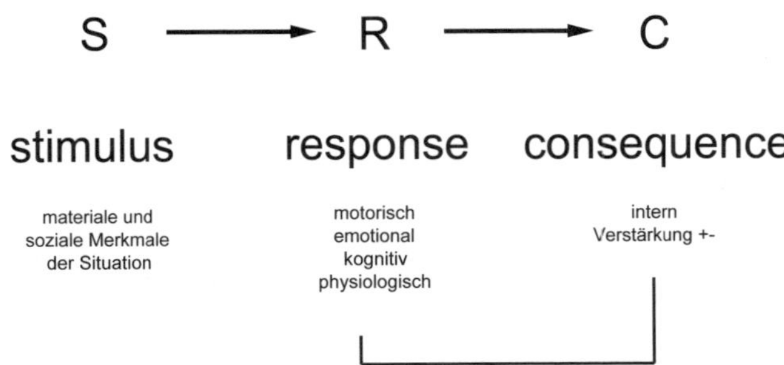

Abbildung 29: Intrinsische Motivation

Das Besondere der intrinsischen Motivation besteht in der internen Verstärkung und in der spontanen Auseinandersetzung mit einem Gegenstand.

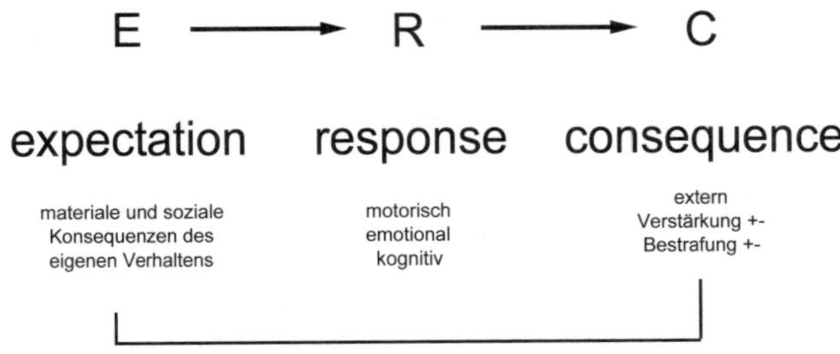

Abbildung 30: Extrinsische Motivation

Bei der extrinsischen Motivation ist das Verhalten davon abhängig, ob bestimmte externe Konsequenzen zu erwarten sind. Die Person ist hier also passiv und von außen gesteuert.

Unter Pädagogen ist der Wunsch nach selbstbestimmtem, intrinsischem Lernen vermutlich auch deshalb so stark, weil es sie von legitimatorischen Verpflichtungen befreit. So wünschenswert solch selbstbestimmtes Lernen sein mag, so unübersehbar ist allerdings auch, dass ein Lernen ohne äußere Beeinflussung im sozialen Kontext nicht möglich ist (vgl. z.B. Litt 1965), weil Andere, bewusst oder unbewusst, gewollt oder nicht, immer irgendeinen Einfluss nehmen. Zudem ist das Angebot einer individualisierten Begleitung weitgehend selbstbestimmten Lernens unter den Bedingungen der Massenschule nicht möglich. Es kann unter diesen Bedingungen nur darum gehen, den Lernenden dort Selbstgestaltungs- und Entscheidungsspielräume einzuräumen, wo dies möglich ist.

6.2 Anspruchsniveau

Ein weiterer Grund, sich in einer Sache anzustrengen, kann sein, dass man darin, warum auch immer, besser werden will. In der Fachterminologie wird dann von „Leistungsmotivation“ gesprochen: Man strengt sich an, weil man einen „Gütemaßstab“ bei der Bewältigung einer Aufgabe für sich akzeptiert (vgl. Hasselhorn/Gold [2]2009, S. 106ff.).

Als Verhaltenskette lässt sich die Leistungsmotivation so veranschaulichen:

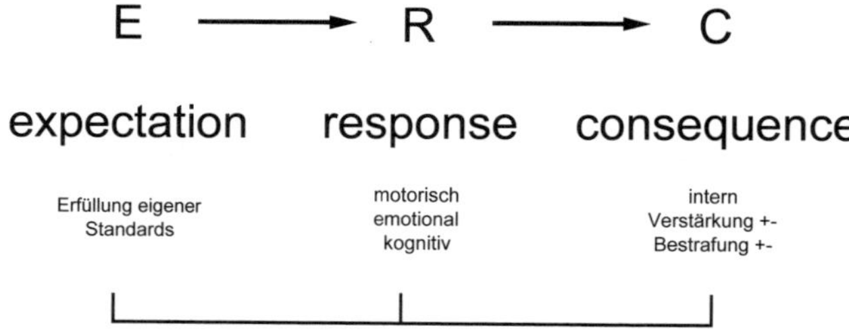

Abbildung 31: Leistungsmotivation

Wie bei der intrinsischen Motivation geht es hier um eine interne Verstärkung, anders als bei dieser aber um eine, für die ein individueller Gütemaßstab als Referenz fungiert. Eine Beschäftigung ist hier also nicht schon an sich befriedigend, sondern erst, wenn sie dem Anspruchsniveau gerecht wird, das man sich gesetzt hat.

Wichtig dabei: Üblicherweise ist im Zusammenhang mit der Leistungsmotivation die Rede von den offiziell erwarteten Leistungen. Dabei gerät aus dem Blick, dass es neben diesen auch andere Leistungen, etwa in der Peer Group, gibt, und neben den offiziellen auch inoffizielle Gütemaßstäbe existieren. Zu denen kann auch gehören, schulische Anforderungen zu unterlaufen oder Mitschüler möglichst spektakulär zu mobben. Auch die Pubertät ist daher keineswegs eine von Leistungsmotivation befreite Zone, sondern nur eine, in der zum Leidwesen der Lehrer häufig andere Gütemaßstäbe als die schulischen im Vordergrund stehen.

Anreize, sich selbst zu fordern, muss zunächst vor allem die Familie bieten. Zusätzlich sind Modelle und geeignetes Feedback hilfreich, um die Heranwachsenden bei der Entwicklung eigener Maßstäbe zu unterstützen (vgl. Oerter [11]1972, S. 176). Und aus schulischer Sicht ist nicht nur von Interesse, dass diese Förderung stattfindet, sondern auch (s. Kap. 3), dass eine Leistungsbereitschaft orientiert an Gütemaßstäben gefördert wird, die mit den schulischen Zielen und Maßnahmen kompatibel ist.

6.3 Erfolgswahrscheinlichkeit

Neben der Attraktivität der jeweiligen Herausforderung ist die Bereitschaft, sich anzustrengen, auch davon abhängig, ob dabei eine Aussicht auf Erfolg besteht. Die Beziehung zwischen Aufgabenschwierigkeit und Motivierung wird im sogenannten „Risiko-Wahl-Modell" von Atkinson behandelt (vgl. Hasselhorn/Gold [2]2009, S. 107). Grafisch veranschaulicht ist danach folgende Beziehung anzunehmen:

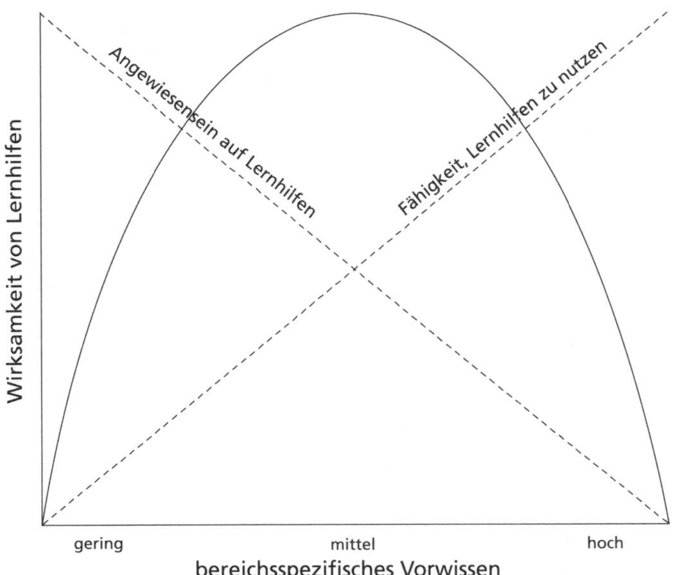

Abbildung 32: Motivierung und Aufgabenschwierigkeit nach Atkinson (Hasselhorn/Gold 2009, S. 107)

Danach wären mittelschwere Aufgaben besonders motivierend, weil hier die Attraktivität des Erfolges und die Gefahr des Scheiterns in einem günstigen Verhältnis stehen. Das leuchtet zwar ein, die empirischen Befunde zeigen aber individuell unterschiedliche Verhaltensweisen, die dem Modell nur bedingt entsprechen (vgl. Hasselhorn/Gold [2]2009, S. 108). Hier dürften zumindest zwei Aspekte relevant sein: Erstens die individuelle Fähigkeit zur Beurteilung der Aufgabenschwierigkeit und zweitens der Stil im Umgang mit Aufgabenschwierigkeiten, der im sozialisierenden Milieu maßgeblich ist. Wo jeder, der unvorsichtig oder umgekehrt zu vorsichtig an Dinge herangeht, mit sozialen Sanktionen rechnen muss, wird das neben der individuellen Beurteilung der Aufgabenschwierigkeit Konsequenzen für die Risikobereitschaft haben.

Als Verhaltenskette lässt sich das Risiko-Wahl-Modell so darstellen:

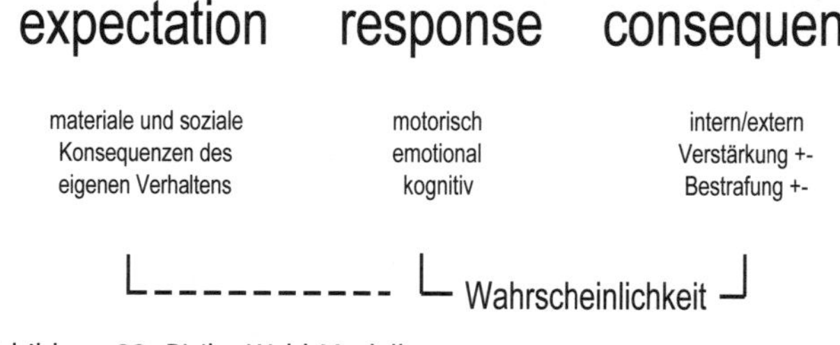

Abbildung 33: Risiko-Wahl-Modell

Für die pädagogische Arbeit ist das Modell wegen der individuellen Variationsbreite informativ, gibt aber keine klaren Hinweise für die Gestaltung von Aufgaben, weil eben individuell stark variiert, was als mittlere Schwierigkeit wahrgenommen wird und wie man damit umgeht. Was für sie schwierig ist und was sie sich zutrauen können, müssen die Schüler erst lernen. Dazu benötigen sie differenzierte Rückmeldungen zu ihren Leistungen und Hilfen, die es ihnen erlauben, den Schwierigkeitsgrad von Anforderungen einzuschätzen. Es ist daher möglicherweise nicht ausreichend, den Schülern Aufgaben mit unterschiedlichem Schwierigkeitsniveau vorzugeben, damit jeder eine Bewährungsmöglichkeit auf einem subjektiv passenden Niveau hat.

6.4 Kontrollierbarkeit

Eine Differenzierung, wie es zur subjektiven Beurteilung der Aufgabenschwierigkeit kommt, liefern die Attributionsstile, wie sie Weiner klassifiziert (vgl. Hasselhorn/Gold [2]2009, S. 111).

		Lokation			
		intern		extern	
		zeitliche Stabilität		zeitliche Stabilität	
		stabil	variabel	stabil	variabel
Kontrollierbarkeit	hoch	Faulheit	schlecht vorbereitet	Nachhilfelehrer ist inkompetent	Freunde haben versäumt zu helfen
	niedrig	geringe Fähigkeit	Kopfschmerzen während der Prüfung	hoher Anspruch des Lehrers	Pech

Abbildung 34: Attribution nach Weiner (Hasselhorn/Gold 2009, S. 111)

Abgekürzt geht es hier darum, ob die Situation vom Lernenden als von ihm kontrollierbar erfahren wird oder nicht. Damit ist noch nichts über die Angemessenheit seiner Einschätzung gesagt. Es ist plausibel, dass die Anstrengungsbereitschaft dann gering sein wird, wenn man sich ohnehin nicht beeinflussbaren fremden Mächten ausgeliefert fühlt. Das gilt allerdings auch umgekehrt, wenn man fälschlicherweise davon ausgeht, durch kleine Korrekturen des eigenen Verhaltens schon alles im Griff zu haben – wo bei genauerer Analyse möglicherweise entscheidende Grundlagen für eine erfolgreiche Arbeit nicht vorhanden sind.

Als Verhaltenskette lässt sich dieser Erklärungsansatz so veranschaulichen:

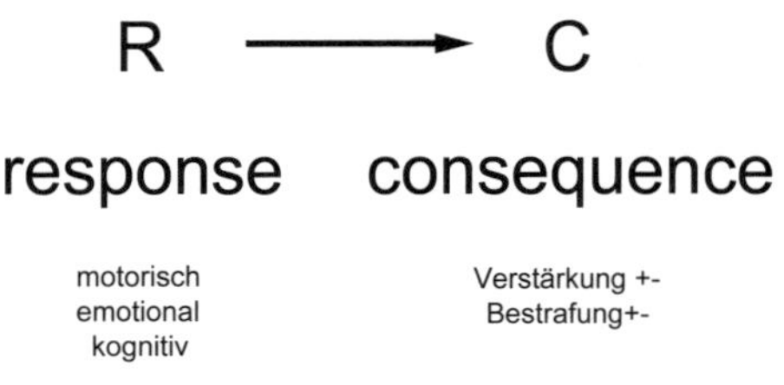

Abbildung 35: Attribution

Merke!

Der Aspekt der Kontrolle ist pädagogisch von besonderem Interesse, weil er von wesentlicher Bedeutung für selbstverantwortliches Handeln ist, das Pädagogen unter der Leitidee „Mündigkeit" fördern wollen. Voraussetzung dafür ist, dass der Heranwachsende lernt, seine Handlungs- und Einflussmöglichkeiten auch angemessen zu beurteilen, um Aufgaben mit Aussicht auf Erfolg angehen zu können. Für die Gestaltung der Arbeit in der Schule kann das u.a. bedeuten, Regeln, Anforderungen, Beurteilungskriterien usw. möglichst transparent zu gestalten und ihre Entstehung nachvollziehbar zu machen – und Ratespiele vom Typ „Nun ratet mal, worauf ich hinaus will" zu vermeiden. Grundsätzlicher wären alle Orientierungs-, Strukturierungs-, und Entscheidungshilfen, die *Prozesse* verstehbar und beurteilbar machen – und nicht nur die Rezeption von Produkten trainieren – wünschenswert. So etwa „Advance Organizer" im Sinne Ausubels (vgl. Hasselhorn/Gold ²2009, S. 55), Voraborientierungshilfen, die die Aneignung und Verknüpfung von Wissen erleichtern sollen. Über die pragmatische Funktion solcher Hilfen beim Wissenserwerb hinaus sollte auch ihre Funktion für die Stabilisierung der Person des Lernenden gesehen werden.

Weiterführende Literatur

Hasselhorn, M./Gold, A. (2009): Pädagogische Psychologie. 2. durchges. Aufl. Stuttgart (Kohlhammer).

Hoffmann, J./Engelkamp, J. (2013): Lern- und Gedächtnispsychologie. Berlin/Heidelberg (Springer).

Schlüter, S./Langewand, A. (2010): Neurobiologie und Erziehungswissenschaft. Bad Heilbrunn (Klinkhardt).

7. Lehren

Entwicklungs-, Lern-, Gedächtnis- und Motivationsmodelle und die damit verbundenen empirischen Untersuchungen sollen, wie eingangs gesagt, dazu beitragen zu verstehen, wie Menschen lernen, und ihnen dabei zu helfen. Aus diesen Modellen und empirischen Befunden ergeben sich aber noch keine Konzepte des Lehrens. Dafür gibt es mehrere Gründe.

Zunächst fehlt ihnen eine didaktische Fundierung (vgl. Fromm 2012), die sich damit befasst, welche Ziele mit welcher Art von Unterricht erreicht werden sollen. Dazu gehört auch die Entscheidung, auf Kosten welcher Nebenwirkungen (vgl. Spranger 1965) diese Ziele verfolgt werden sollen. So mag etwa ein durchstrukturierter Frontalunterricht Wissen zuverlässig abfragbar vermitteln, während eigenständiges Denken oder soziale Lernprozesse kaum gefördert werden. Was ‚guter' Unterricht ist (vgl. Meyer [2]2004), sagen die oben genannten Modelle und Untersuchungen nicht, sie können bestenfalls dazu beitragen, ihn zu verwirklichen.

Die zweite Einschränkung ergibt sich, weil wir es mit Modellen zu tun haben, also mit unterschiedlichen Sichtweisen etwa auf das Lernen oder das Erinnern. Keines dieser Modelle kann alle Phänomene, um die es jeweils geht, befriedigend erklären. Das können nicht einmal alle Modelle zusammen. Sie sind weder erschöpfend, noch widerspruchsfrei, sondern im günstigen Fall brauchbar, um bestimmte Phänomene besser zu verstehen.

Empirische Untersuchungen, die auf diesen Modellvorstellungen basieren, liefern wiederum Befunde, die streng genommen nur für die jeweilige Versuchsanordnung zu diesem Zeitpunkt gelten, und das auch nur mit einer bestimmten Wahrscheinlichkeit und Vertrauensintervallen für die ermittelten Messwerte. Ob diese Befunde auf eine andere Zeit und eine andere Situation übertragen werden können, weiß niemand zuverlässig.

Luhmann und Schorr (1982) haben vom Technologiedefizit der Pädagogik gesprochen. Damit formulieren sie nach ihrem Verständnis keinen Vorwurf, sondern eine Diagnose: „Da es keine für soziale Systeme ausreichende Kausalgesetzlichkeit, da es mit anderen Worten keine Kausalpläne der Natur gibt, gibt es auch keine objektiv richtige Technologie, die man nur erkennen und dann anwenden müßte" (S. 17). Daraus ergibt sich für sie die Konsequenz: „Angesichts der Komplexität des Interaktionssystems Unterricht kann der Lehrer die faktischen Voraussetzungen für zielsicheres Handeln kaum nennen, kaum ermitteln" (S. 27).

Mit der unstrittigen Komplexität des Interaktionssystems Unterricht und der Frage nach der möglichen Handlungssicherheit von Lehrpersonen ist allerdings nicht nur in der Vergangenheit sehr unterschiedlich umgegangen worden, das geschieht auch weiterhin. Idealtypisch lassen sich drei Positionen unterscheiden. Die erste leugnet das oben behauptete Technologiedefizit, die zweite sieht es als überwindbares Durchgangsstadium, die dritte als systembedingte Grenze.

Problematik … … einfacher Ratgeber

Wo es einen Markt für einfache Wahrheiten gibt, wird er auch bedient. Unter denen, die erziehend und unterrichtend tätig sind, besteht ein verständliches Interesse daran, bei ihrer verantwortungsvollen Tätigkeit möglichst alles richtig zu machen. Dem entsprechen Ratgeber und Rezeptbücher, die sichere Handlungsanweisungen versprechen. Wo diese Ratgeber über die Orakelsprache von Horoskopen hinausgehen und präzise Anweisungen geben, basiert die Bestimmtheit ihrer Aussagen durchgängig auf unseriösen Generalisierungen empirischer Befunde, gern auch subjektiver Evidenzerlebnisse und Erwartungen. Vom beeindruckenden Fallbeispiel Klara S. wird auf die Menschheit in ihrer Gesamtheit geschlossen, zumindest auf den weiblichen Anteil, von der Studie an 30 Gymnasiasten irgendwo auf ‚die' Schüler usw. Das ist nach wissenschaftlichen Standards unseriös, wird aber gern geglaubt, zumindest gekauft und rezipiert, auch wenn man es schon auf der Basis eigener Erfahrungen besser wissen kann. Die Bereitschaft, des Kaisers neue Kleider neu zu inszenieren, ist erstaunlich groß.

… der Metaanalyse

Eine besondere Note bekommt dieser Zugang in den letzten Jahren durch vermeintlich gesicherte wissenschaftliche Befunde, die den Glauben an einfache Wahrheiten nähren. Dieser Glaube basiert einmal auf sogenannten ‚Metaanalysen', zum anderen auf den Untersuchungen der sogenannten ‚Neurowissenschaften'. Im ersten Fall finden insbesondere die Versuche von Hattie ([3]2015) Beachtung, durch statistische Aufbereitung der Daten von tausenden von Einzeluntersuchungen quasi deren Essenz herauszudestillieren, worauf es beim Unterricht ankommt. Das Problem aller Metaanalysen und dieser in besonderem Maße: Wenn in all diesen Untersuchungen exakt das Gleiche untersucht worden wäre, könnte man sie quasi zu einer fiktiven Großuntersuchung zusammenfassen. Dazu müsste aber z.B. „Klassenklima" in allen Untersuchungen gleich operationalisiert, mit den gleichen Instrumenten gemessen werden. Das ist aber üblicherweise nicht der Fall. Die Operationalisierungen in den Einzeluntersuchungen unterscheiden sich mehr oder weniger stark. Beispielsweise wird im einen Fall „Klassenklima" mit einem soziometrischen Verfahren und in einem anderen Fall über Lehrerurteile erfasst. Solange aber keine Übersetzungsvorschrift bekannt ist, nach der man Lehrerurteile in Sympathiewahlen unter Schülern übersetzen kann (vgl. Kriz 1981, S. 120ff.) lässt sich nur sagen, dass unter der gleichen Bezeichnung „Klassenklima" Unterschiedliches gemessen wurde. Und man kann möglicherweise feststellen, dass in großen Schulen das „Klassenklima" schlechter ist als an kleinen, unabhängig davon, wie „Klassenklima" operationalisiert wird. Daran, dass Unterschiedliches gemessen wird, ändert sich aber nichts. Feststellen lässt sich nur, dass Messungen unterschiedlicher Phänomene, die man jeweils als Indikatoren für „Klassenklima" ansieht, in einem gewissen Maß statistisch in die gleiche Richtung weisen. Und je mehr Studien mit unterschiedlichen Operationalisierungen in die Metaanalyse einbezogen werden, desto unklarer werden die Beziehungen zwischen den verallgemeinernden Etiketten und dem, was sie bezeichnen sollen. Das Problem liegt noch nicht in der vereinfachenden Redeweise über die Details empirischer Untersuchungen. Die ist ein Stück weit notwendig, weil nicht ständig sämtliche besonderen Randbedingungen einer Untersuchung aufgeführt werden können. Abkürzend wird also z.B. von „Klassenklima" gesprochen, obwohl man eigentlich sagen müsste, welches Instrument wie eingesetzt wurde, usw. Das Problem beginnt, wenn abkürzende Bezeichnung und Bezeichnetes gleichgesetzt werden (vgl. Terhart 2014). Bei Metaanalysen geschieht üblicherweise genau dies. Die investierte Phantasie, die über unterschiedlichste Operationalisierungen eines Phänomens in verschiedenen Untersuchungen hinweg sieht, gerät in Vergessenheit. Mit jeder statistischen Aufbereitungsstufe und noch mehr mit jeder Rezeptionsstufe nähert sich die Darstellung der Aussageform „Die Wissenschaft hat festgestellt!“.

... der Neurowissenschaften

Ähnlich ist die Situation bei der Rezeption der Neurowissenschaften. Auch hier liegen zunächst zahlreiche empirische Befunde vor, in diesem Fall zur Hirntätigkeit. Die Probleme beginnen dort, wo einzelne Forscher ihre Befunde für eine weitere Öffentlichkeit publizieren oder besser popularisieren. Dann wird etwa knallig aus vieldeutigen Tomographieaufnahmen der Hirndurchblutung „Digitale Demenz“ (vgl. z.B. Spitzer 2012). Und es wird der Eindruck vermittelt, man könne dem Geist nun mit Hilfe bildgebender Verfahren so präzise bei der Arbeit zusehen, dass sich auf dieser Basis Empfehlungen zur Erziehung und zu einer gehirngerechten Didaktik formulieren lassen (vgl. Herrman [2]2009). Wie sehr Empfehlungen der o.g. Art über das hinausgehen, was man sicher wissen kann, lässt sich aber an den folgenden vier Vereinfachungen verdeutlichen:

1. Gemessen werden Veränderungen in der Durchblutung von Hirnarealen (Voxel), die hunderttausende Neuronen umfassen.
2. Vorgänge in diesen Bereichen können erst dann von irrelevanten Schwankungen unterschieden werden, wenn die Messung wiederholt und die Ergebnisse über mehrere Versuchspersonen zusammengefasst werden.
3. Das Reizmaterial, mit dem die Hirntätigkeit stimuliert wird, ist extrem einfach strukturiert und wird in einer standardisierten Laborsituation präsentiert, die sich von den Reizbedingungen, die in Unterrichtssituationen vorherrschen, sehr unterscheidet.
4. Viele Befunde sind an Tieren gewonnen, Menschen werden zur Gewährleistung standardisierter Untersuchungsbedingungen in ihren Verhaltensmöglichkeiten extrem beschränkt.

In der Summe werden mäßig reproduzierbare Aktivitäten in relativ großen Bereichen des Gehirns bei alltagsferner Stimulation gemessen. Sagen lässt sich in diesen Grenzen, dass da etwas ist, aber nicht was. Wenn diesen Erregungsmustern eine konkrete Bedeutung zugeschrieben wird, etwa eine bestimmte Empfindung, werden die Aussagemöglichkeiten überstrapaziert (vgl. Schlüter/Langewand 2010).

Die zweite Position im Umgang mit dem Technologiedefizit ist mehr oder weniger explizit typisch für die empirische Lehr-Lernforschung der letzten Jahre. Spätestens in den Berichten über die Erträge dieser Forschung häufen sich Formulierungen der Art, die Autoren xy hätten nachgewiesen, die Effekte abc seien gut bestätigt. Allgemeingültige Gesetzesaussagen werden zwar üblicherweise nicht explizit in Aussicht gestellt, die Erwartung wird aber durch generalisierende Darstellung der bisherigen Forschungserträge geschürt. Es entsteht der Eindruck, kumulativ sei das noch bestehende Technologiedefizit der Pädagogik zu beheben.

Diese Hoffnung wird von der dritten Position aufgegeben. Luhmann und Schorr machen den Vorschlag, „die Suche nach objektiven Kausalgesetzen in zwischenmenschlichen Beziehungen einzustellen“ (1982, S. 18). Als erreichbar schätzen sie dagegen das Handeln nach „Kausalplänen“ mit deutlich bescheidenerem Anspruch ein. Diese charakterisieren sie so:

> „Für Kausalpläne sind ganz allgemein bestimmte Verkürzungen typisch, die von der Realität abweichen, auf die man sich aber einlassen muß, um überhaupt eine rasch genug verfügbare und hinreichend eindeutige Grundlage für eigenes Erleben und Handeln zu gewinnen. (…) Insofern kann man etwas überspitzt sagen: Kausalpläne sind immer ‚falsch‘.“ (1982, S. 18)

Diese Kausalpläne sind nur lückenhaft durch empirische Evidenz gestützte Mutmaßungen über kausale Zusammenhänge, durchsetzt mit subjektiven Evidenzannahmen und persönlichen Gewichtungen. Insofern also weit entfernt von objektiven Gewissheiten und eigentlich ‚falsch‘ (s.o.), aber eben das, was man haben kann und muss, um überhaupt handlungsfähig zu sein. Zu diesem Handeln unter Unsicherheit zu stehen, verlangt vom Lehrer allerdings die Erkenntnis: „auch er arbeitet mit generalisierenden Hypothesen hinsichtlich der Wirksamkeit seines Unterrichts, die auf einen fiktiven Normalschüler bezogen sind“ (Henningsen 1974, S. 138). Empirische Befunde über Lernprozesse und ihre Förderung können dazu beitragen, der Lehrperson eine perspektivenreichere und begründetere Handlungsorientierung mit hö- *Merke!*

heren Erfolgsaussichten zu ermöglichen (vgl. Luhmann/Schorr 1982, S. 20). Dies allerdings immer, indem empirische Befunde probeweise ‚überdehnt' und durch mehr oder weniger geordnetes und reflektiertes Erfahrungswissen ergänzt werden.

Damit bleibt die Hoffnung, die von den Herbartianern ab der Mitte des 19. Jahrhunderts über mehrere Jahrzehnte geschürt worden ist, man könne bei ausreichender Kenntnis der Gesetzmäßigkeiten der Geistestätigkeit dieses Wissen technologisch nutzen und in den Geist des Schülers wie in eine Maschine eingreifen (vgl. z.B. Ziller 1985, S. 27), weiter unerfüllt. Das gilt auch nach einem Jahrhundert einschlägiger Forschung in der Pädagogischen Psychologie (vgl. Hasselhorn/Gold ²2009, S. 19) und der in den letzten Jahrzehnten massiv intensivierten empirischen Bildungsforschung. Die Lücke zwischen dem, was man u.a. auf der Basis empirischer Untersuchungen wissen kann, und den besonderen Erfordernissen der jeweiligen pädagogischen Situation muss also weiter überbrückt werden. Empirische Befunde können dabei das Spektrum des Erwartbaren und Wahrscheinlichen über die Alltagserfahrung hinausgehend differenzieren.

Auf dieser zugegeben nur mäßig tragfähigen Basis lassen sich aber immerhin ein paar Hinweise für das pädagogische Handeln formulieren, von denen man nach aktuellem Kenntnisstand annehmen kann, dass sie häufiger einmal das Lernen der Schülern fördern dürften und es, soweit bekannt, nicht beeinträchtigen. Das soll im Folgenden geschehen.

7.1 Schüler wahrnehmen

In Kapitel 5.2 wurde im Zusammenhang mit dem Informationsverarbeitungsprozess des Gedächtnisses das sensorische Register angesprochen und die Notwendigkeit, dass man erst einmal auf etwas aufmerksam werden muss, bevor man es dann verarbeiten kann. Das gilt natürlich auch für Lehrer in ihrem Verhältnis zu den Schülern.

Kounin fordert auf der Basis seiner Untersuchungen die „Allgegenwärtigkeit" des Lehrers und die „Aufrechterhaltung des Gruppenfokus". Er betont zwar vor allem Zurechtweisungsfälle

(1976, S. 91), bei denen es darum geht, dass der Lehrer Störverhalten der Schüler wahrnimmt und angemessen behandelt (also z.B. den richtigen Schüler zum richtigen Zeitpunkt ermahnt). Wenn man von dieser Verengung absieht, geht es aber darum, die Klasse insgesamt im Blick zu behalten, angemessen und für die Schüler erkennbar im Zusammenhang mit der jeweils relevanten Situation zu handeln. Wenn man die Verengung auf Störverhalten vermeidet, lässt sich diese Forderung so verstehen, dass *alle* Schüler eine Chance haben sollten, wahrgenommen zu werden, nicht nur die mit den günstigen Sitzplätzen oder die leistungsstärkeren Schüler, für die nach Brophy und Good (1974, S. 25) im Vergleich mit den leistungsschwächeren Schülern die dreifache Chance besteht, wahrgenommen zu werden. Wenn Schüler eine angemessene Chance haben sollen, durch konstruktive Beiträge und nicht erst durch Störverhalten Beachtung zu finden, ist diese Forderung Kounins ein zentraler Bestandteil einer Klassenführung, die dann auch von den Schülern als gerecht anerkannt werden kann – weil der Lehrer sich nicht nur mit seinen Lieblingsschülern befasst, die Falschen zurechtweist usw.

Merke!

Dafür, welche Chance ein Schüler hat, vom Lehrer wahrgenommen zu werden, ist zunächst seine Sitzposition von Bedeutung. Gage und Berliner ([5]1996, S. 440ff.) unterscheiden Sitzplätze mit hohem, mittlerem und niedrigem Interaktionspotential. Abbildung 36 zeigt drei verbreitete Sitzanordnungen (die Sitzplätze sind mit steigendem Interaktionspotential dunkler dargestellt).

Sitzposition

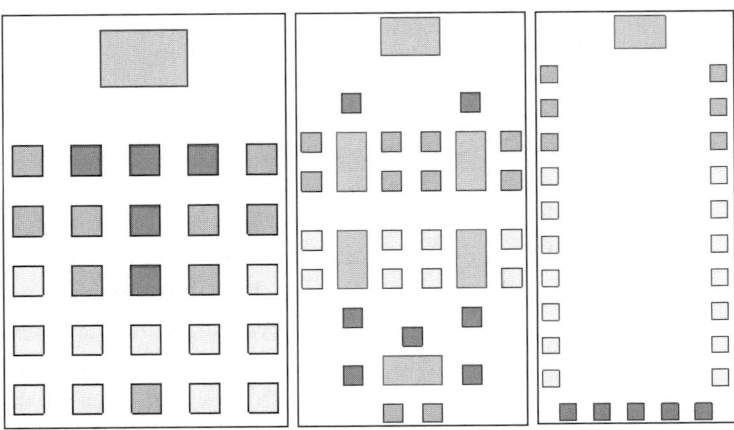

Abbildung 36: Sitzordnungen und Interaktionspotentiale (nach Gage/Berliner 1996, S. 442)

Die Bereiche der Interaktionspotentiale dürften für verschiedene Klassen und Lehrer variieren, das Problem, dass Schüler allein dadurch geringere Beachtung finden, weil sie nicht im Aufmerksamkeitsfokus des Lehrers sitzen, bleibt aber bestehen. Diese blinden Flecken können durch eine gezielte systematische Variation der Aufmerksamkeit (z.B. zu bestimmten Bereichen des Klassenraums oder bestimmten Schülern) reduziert werden.

Unter den Faktoren, die darauf einen Einfluss haben, ob ein Schüler vom Lehrer wahrgenommen wird, hat in den letzten Jahren das Geschlecht der Schüler besonderes Interesse gefunden (vgl. Stürzer u.a. 2003). Danach haben Jungen eine höhere Chance, vom Lehrer beachtet zu werden, auch, weil sie sich insgesamt auffälliger verhalten und geringere Hemmungen zu haben scheinen, sich auch dann zu melden, wenn sie sich ihrer Sache nicht ganz sicher sind. Im Ergebnis erhalten dadurch die unauffälligeren Schüler/innen weniger Aufmerksamkeit. Neben der oben angesprochenen Beeinflussung durch die Sitzposition ist dies ein weiterer Grund, eine vorbewusst intuitive Verteilung der Aufmerksamkeit durch eine kontrolliert systematische zu ergänzen.

Pygmalioneffekt

Zu den bekanntesten Untersuchungen, die sich mit der Wahrnehmung von Schülern durch Lehrer befassen, gehören die zum sogenannten „Pygmalioneffekt“ (vgl. Rosenthal/Jacobson 1971; Brophy/Good 1976; Ludwig ²2001). Dabei geht es im Kern darum, wie sich die Wahrnehmung eines Schülers als leistungsstark bzw. -schwach auf das Verhalten des Lehrers und letztlich auf den Erfolg des Schülers auswirkt.

Brophy und Good (1976) berichten von einer Untersuchung, bei der den Lehrern vorab gesagt wurde, es gehe in der Untersuchung um das Klassenzimmerverhalten der Schüler. Tatsächlich wurde aber auch ihr Verhalten gegenüber den Schülern erfasst. Vor der Untersuchung wurden die Lehrer gebeten, die Schüler ihrer Klasse nach wahrgenommener Leistung in eine Reihenfolge zu bringen. Während die Lehrer annahmen, dass alle Schüler beobachtet werden würden, wurden tatsächlich nur die sechs am leistungsstärksten und leistungsschwächsten eingestuften Schüler (jeweils 3 Jungen/3 Mädchen) beobachtet. Insgesamt waren die Leistungsunterschiede in den Klassen allerdings relativ gering, da die Gruppen nach vorab in der Schule durchgeführten Reifetests und Leistungstests homogen zusammengesetzt worden waren.

Entsprechend gab es „*kaum objektive Gründe für die Einstufungen der Lehrer*“ (vgl. Brophy/Good 1976, S. 135, Hervorh. i.O.).

Das Ergebnis der Untersuchung belegt eine signifikant unterschiedliche Behandlung der als leistungsstark bzw. -schwach eingeschätzten Schüler.

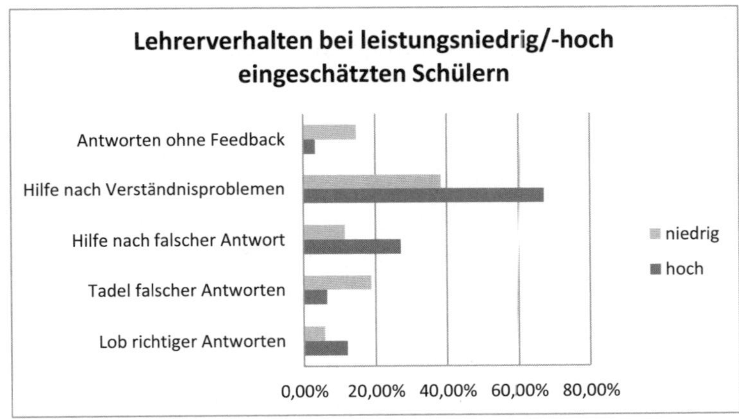

Abbildung 37: Lehrerverhalten bei leistungsniedrig/-hoch eingeschätzten Schülern (nach Brophy/Good 1976, S. 142)

Brophy und Good fassen ihre Befunde so zusammen:

> „Die Lehrer ermutigten und förderten die Kinder, die es am wenigsten gebraucht hätten, waren jedoch unfreundlich und kritisch gegenüber den Kindern, die am meisten eine Ermutigung nötig gehabt hätten!“ (1976, S. 144)

Diese Ergebnisse konnten allerdings in Nachfolgeuntersuchungen so nicht bestätigt werden (ebd., S. 151ff.). Es handelt sich also wohl um Verhaltensmuster, die individuell unterschiedlich ausfallen.

Während bei diesen von Brophy und Good berichteten Untersuchungen die Einschätzung der Leistungsfähigkeit der Schüler von den Lehrern stammte, wurde diese Einschätzung bei den Untersuchungen zum Pygmalioneffekt von Rosenthal (vgl. Rosenthal/Jacobson 1971) angeblich auf der Basis von Tests vorgenommen, deren Ergebnisse den Lehrern mitgeteilt wurden. Tatsächlich wurden die Schüler, bei denen laut Tests ein Entwicklungsschub zu erwarten war, aber rein zufällig ausgewählt. Hier hing also die Einschätzung der Leistungsfähigkeit auch davon ab, ob die Lehrer den Testergebnissen vertrauten oder nicht (vgl. Brophy/Good 1976). Die Frage war dann, ob sich die (zufällig ausgewählten) Schüler, für die den Lehrern eine überdurchschnittliche kognitive Entwicklung prognostiziert wurde, anders als die anderen Schüler entwickeln würden. Diese Schüler steigerten sich in Intelligenztests am Ende des Untersuchungszeitraums tatsächlich signifikant stärker als ihre Mitschüler.

Derartige Untersuchungen sind oft (solange sie noch nicht weithin bekannt waren) wiederholt und variiert worden. Die Befunde sind uneinheitlich. Wichtig ist für die Beurteilung die Differenzierung zwischen drei Aspekten, nämlich der Wahrnehmung der Schüler durch die Lehrer, dem Verhalten der Lehrer und schließlich der Wirkung dieses Verhaltens auf die Leistung der Schüler. Das Hauptproblem besteht dabei im Nachweis, dass es Erwartungseffekte gibt, die sich in der tatsächlichen Leistung der Schüler niederschlagen. Als hinreichend belegt kann gelten, dass sich die unterschiedliche Wahrnehmung der Schüler durch die Lehrer sich auf ihr Verhalten auswirkt, etwa auf ihre Bereitschaft, den Schülern zuzuhören oder ihnen zu helfen (s.o.). Diese Bevorzugung guter Schüler zeigt sich auch in der Leistungsbeurteilung, bei der die Fehler guter Schüler öfter übersehen werden (vgl. Ludwig [2]2001, S. 571). Wie weit dieses (in der Schülerwahrnehmung) ungerechte Verhalten von Lehrern dann auch zu messbaren Unterschieden in der Leistung der Schüler führt, ist, wie beschrieben, auf der Basis der empirischen Befunden unsicherer. Das ist allerdings nicht allzu verwunderlich, wenn man in Rechnung stellt, dass das Lehrerverhalten erstens eine Einflussgröße unter vielen anderen ist und zweitens wie alle anderen auch durch die Schülerwahrnehmung und -verarbeitung moduliert wird.

Merke!

7.2 Lernzeit nutzen

So banal es auch klingt: Wenn Unterricht etwas bewirken soll, muss er zunächst einmal überhaupt stattfinden. Genauer: Den Schülern muss möglichst viel Zeit und Gelegenheit gegeben werden, etwas zu lernen. Tatsächlich verbringen Schüler während ihrer Zeit in der Schule aber einen großen Anteil nicht mit Lernen – egal, wie man dies genau eingrenzt: Sie warten vor allem oft und lange auf etwas.

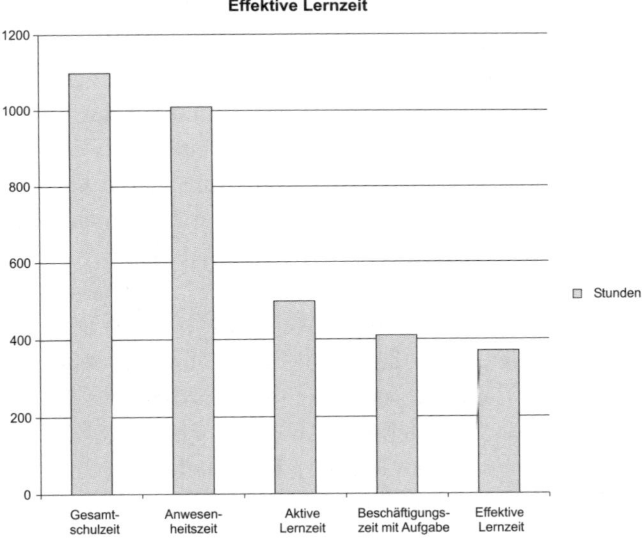

Abbildung 38: Effektive Lernzeit (nach Woolfolk [10]2008, S. 547)

Nun muss man zwar berücksichtigen, dass diese Zahlen aus Ganztagsschulen in Amerika stammen, so dass die Anteile nicht sinnvoll auf hiesige Verhältnisse übertragen werden können. Als Prüffrage ist aber die nach den Anteilen effektiver Lernzeit im Verhältnis zu Wartezeiten, Zeiten für Organisation und Verwaltungstätigkeiten dennoch sinnvoll (vgl. Meyer 2004).

Neben einer vorausschauenden Planung (nicht nur des Unterrichtsbeginns) verlangt die effektive Nutzung der Lernzeit allerdings weitere Kompetenzen der Lehrperson. Kounin spricht von der Fähigkeit, mit mehreren Vorgängen gleichzeitig umzugehen und der reibungslosen Gestaltung von Übergängen. Die Forderung, mit mehreren Vorgängen gleichzeitig umgehen zu können, hängt insofern mit der nach Allgegenwärtigkeit zusammen, als es hier darum geht, auch dann nicht die Gruppe oder die gerade verfolgte Aufgabe aus dem Blick zu verlieren, wenn gleichzeitig noch etwas anderes die Aufmerksamkeit des Lehrers in Anspruch nimmt: Während er etwas erklärt, meldet sich z.B. ein Schüler. In solchen Situationen, die im Unterricht zahlreich sind, ist es nach Kounin wichtig, dass der Lehrer nicht den Faden verliert und beide Anforderungen im Blick behält, z.B. dem Schüler signalisiert, dass seine Meldung wahrgenommen wurde, er aber erst noch die angefangene Erklärung zu Ende führt.

Allgegenwärtigkeit

Die Forderung nach einer Reibungslosigkeit der Übergänge im Unterricht meint, die vielfältigen Abläufe während des Unterrichts zu steuern, also deutlich zu machen, wenn etwas anfängt oder beendet werden soll oder wenn sich die Inhalte, die Akteure, die Materialien oder die Orte, an denen etwas geschieht, ändern.

Übergang

Unzählige misslungene Unterrichtsanfänge, unklare Arbeitsaufträge, missverständliche Verteilungen von Zuständigkeiten usw. dokumentieren in augenfälliger Weise, wie sehr die Struktur des Unterrichts leidet, wenn Lehrer in dieser Hinsicht versagen. Das Ergebnis sind Orientierungslosigkeit bei den Schülern, Unruhe und Lärm, mehrfach wiederholte Anweisungen (die wegen der Unruhe nicht wahrgenommen werden), fehlerhafte Arbeiten usw.

Als Probleme des Lehrerverhaltens nennt Kounin neben Sprunghaftigkeit und Inkonsequenz auch Unentschlossenheit, die dazu führt, dass die Schüler z.B. warten müssen, bis Materialien bereit stehen, Fragen geklärt werden usw. Zu den Problemen, die der Lehrer machen kann, gehört nach Kounin (ebd., S. 110ff.) auch, dass er durch Dramatisierung oder Überbetonung einzelner Aspekte den Arbeitsablauf stört oder ganz zum Stocken bringt. Positiv formuliert geht es in Kounins Begrifflichkeit darum, einen gewissen Schwung (momentum) aufrecht zu erhalten. Das setzt natürlich eine entsprechende Planung, Vorbereitung von Materialien und die Antizipation möglicher Arbeitsabläufe und erwartbarer Schwierigkeiten voraus (beispielsweise bringt die Verteilung eines Arbeitsblattes Unruhe mit sich bringt, es wird darin schon gelesen, gleichzeitige Arbeitsaufträge werden entsprechend nicht gehört usw.).

7.3 Abläufe organisieren

Hasselhorn und Gold ([2]2009, S. 339) weisen zutreffend darauf hin, dass das Thema Klassenführung und Klassenraummanagement in Deutschland nahezu ein Tabuthema sei. Das ist sicherlich bis in die neuere Zeit so gewesen, inzwischen wird es allerdings auch in der deutschen Erziehungswissenschaft (vgl. z.B. Helmke 2003; Meyer [2]2004) thematisiert und in positiver Weise ernst genommen. Das Tabu betraf sogar wesentlich weiter gehend eigentlich alle Aspekte, die die Steuerung und Kontrolle des Unterrichts durch den Lehrer betreffen. Spätestens seit der sogenannten Reformpädagogik zu Beginn des 20. Jahrhunderts, dann noch einmal verstärkt nach den Erfahrungen mit der Schule im Nationalsozialismus ist die Literatur von einer besonderen Vorsicht geprägt, über Anregungen und Angebote hinaus verbindliche Ansprüche an die Lernenden zu formulieren. Was in früheren Zeiten unter „Regierung der Kinder“, „Zucht“ oder „Disziplin“ verstanden wurde, war in den vergangenen Jahrzehnten praktisch nicht diskutierbar, wurde schon fast reflexartig mit massivsten psycho-physischen Unterdrückungsmaßnahmen (im Sinne einer „schwarzen Pädagogik“, vgl. Rutschky 1977) gleichgesetzt. Konjunktur hatten stattdessen alle Formen von ‚Nichteinmischung‘, die zumindest den Anschein erwecken, hier geschehe das Gewünschte auf freiheitliche, offene, nicht autoritäre, entdeckende, ganzheitliche und selbstbestimmte Weise auch ohne dass irgendwer versuche, jemandem etwas beizubringen oder ihn zu erziehen.

In der Abwehr autoritär-doktrinärer Konzepte, wie sie etwa von den Herbartianern in der zweiten Hälfte des 19. Jahrhunderts bis zu Beginn des 20. Jahrhunderts mit erheblichem Einfluss vertreten wurden, ist diese Sensibilität zwar verständlich, schlägt aber in das andere Extrem um, dass man sich jeden steuernden Einfluss versagt. Vor allem aber führt sie zu einer Ausblendung oder Leugnung der Einflussnahme, die, weil nicht vermeidbar, notwendig stattfindet (vgl. Litt 1965).

Kounin

Die Arbeiten Kounins (1976)(s.o.), die in neuerer Zeit wieder rezipiert werden, liefern auf den ersten Blick auch durchaus Ansatzpunkte für Skepsis, was seine Vorstellungen von gutem Unterricht betrifft. Die Motivation für seine Untersuchungen war die Sicherung eines störungsfreien und, wie Meyer zu Recht feststellt, „stark lehrerzentrierten, aus unterrichtsmethodischer Sicht konventionellen“ Unterrichts ([2]2004, S. 33) (vgl. auch Hasselhorn/Gold [2]2009, S. 339). Parallelen zur „Regierung der Kinder“ und der Klassenführung bei den Herbartianern im 19. Jahrhundert sind durchaus erkennbar – bis hin zum Misstrauensmotiv, für Störverhalten der Schüler keine Gelegenheiten zu bieten (vgl. Fromm 1987, S. 24ff.). Die Anforderungen, die Kounin an einen effektiven Unterricht formuliert, lassen sich allerdings auch anders und als eine weiterhin bedenkenswerte Grundlage für einen strukturierten Unterricht lesen (vgl. Hasselhorn/Gold [2]2009, S. 340; Meyer [2]2004, S. 34f.). Man kann Kounins Prinzipien als Vorschläge verstehen, wie der Unterricht durch Strukturierung von vermeidbaren Belastungen für Lehrer und Schüler befreit werden kann. Das gilt übrigens auch für entsprechende Beiträge aus der herbartianischen Pädagogik – wenn man von ihren mechanistischen und doktrinären Zuspitzungen absieht (vgl. Fromm 1987; Prange [2]1986). Da weder dem Wohlbefinden oder dem Lernerfolg der Schüler noch der psychischen Stabilität des Lehrers auf die Dauer damit gedient ist, wenn die Dinge im Unterricht für alle mehr oder weniger überraschend irgendwie geschehen, gehört die Strukturierung zu den wichtigsten Anforderungen an den Unterricht – und zu den wesentlichsten Bedingungen für den Lernerfolg (vgl. Meyer [2]2004, S. 35). Meyer weist zu Recht in diesem Zusammenhang auf den positiven Sinn von Ritualen hin, die z.B. die Organisation von Arbeitsabläufen, den Umgang mit Materialien, aber auch die Regelung von Störungen vereinfachen können.

Routinen

Einen wesentlichen Beitrag zur Organisation von Abläufen leisten Routinen, also eingespielte Handlungsschemata, deren Nutzen gerade darin besteht, dass sie nach einer Etablierungs- und Übungsphase unbefragt ablaufen – solange sie ihren Zweck erfüllen. Routinen haben in der neueren Pädagogik einen schlechten Ruf und erscheinen dort vor allem als Unterdrückungsinstrumente. Lerntheoretisch geht es wesentlich um Gewöhnung. Die ist zwar als Lernvorgang nicht komplex, gerade nicht kreativ oder selbstbestimmt, aber unverzichtbar. Sie schafft mit der Verinnerlichung und Einübung von Abläufen eine Entlastung von Nebensächlichem und die Fokussierung auf das, worum es inhaltlich und sozial gehen soll. Die Gewöhnung an bestimmte Routinen im Umgang mit Anderen und im Umgang mit der Sache war in der traditionellen Pädagogik selbstverständliche Voraussetzung pädagogischer Arbeit, hat aber u.a. deshalb einen schlechten Ruf, weil es in der pädagogischen Praxis (vgl. z.B. Petrat 1979) zu häufig politisch gewollt oder nur aus pädagogischer Unfähigkeit dabei geblieben ist, „*bewußtlose Gewöhnungen* bei dem Zöglinge zu schaffen, *die sogenannten mittelbaren Tugenden*, z.B. des Aufmerkens, des Stillesitzens und Stillehaltens für das, was mit ihm vorgenommen ... werden soll" (Ziller 1884, S. 108, Hervorh. i.O.).

Nicht nur in Verruf geraten sind schulische Gewöhnungsprozesse im Gefolge der Studentenunruhen und Bildungsreformbemühungen in den 70er Jahren des 20. Jahrhunderts. Unter den Überschriften „emanzipatorische" oder „antiautoritäre" Pädagogik wurden Regelungen jeder Art praktisch folgenreich dämonisiert. Mit innerem und zeitlichem Abstand zu diesen Übertreibungen ist heute die Frage wieder möglich, welche Gewöhnungen notwendig sind, um die Voraussetzungen für die eigentlich gewünschten schulischen Lernprozesse zu schaffen. Und für die gilt dann, dass sie so früh wie möglich und konsequent eingeführt und in Erinnerung gebracht werden sollten, um die pädagogische Arbeit von vermeidbaren Belastungen zu befreien.

Im Gegensatz zu diesen strukturschaffenden Gewöhnungen, denen pädagogisch durchaus etwas abzugewinnen ist, weil sie Orientierungssicherheit schaffen und Schülern und Lehrern ihre Arbeit erleichtern, stehen andere höchst problematische. Deren Wirkung besteht wesentlich in der Anpassung der Schüler an beliebige Zumutungen, wie sie bereits in der eingangs zitierten Rede Kästners zum Schulanfang angesprochen werden:

> „Der Klassenkampf und die Jahre der Prüfungen stehen bevor. Früchtchen seid ihr, und Spalierobst müßt ihr werden! Aufgeweckt wart ihr bis heute, und einwecken wird man euch ab morgen! So, wie man's mit uns getan hat. Vom Baum des Lebens in die Konservenfabrik der Zivilisation, – das ist der Weg, der vor euch liegt." (1972, S. 233)

Neben Routinen haben auch Regeln in den letzten Jahrzehnten bis in die neuere Vergangenheit vor allem den Ruch gehabt, als Unterdrückungsinstrument der Schüler zu dienen. Dafür lassen sich auch zahlreiche beeindruckende Belege etwa in Hausordnungen finden. Aber damit wird der Blick verengt auf einseitig von Lehrern festgesetzte und überzogene Regeln. Aus dem Blick gerät, dass jedes koordinierte Handeln in einer Gruppe Regeln benötigt, die umso dringender explizit gemacht werden müssen, je mehr ein selbstverständlicher Konsens der Agierenden fehlt und ihnen hohe Entscheidungs- und Handlungsfreiheit zugestanden werden soll. Der erste Punkt bezieht sich auf die zunehmende Heterogenität der Schülerschaft. Wo Lehrpersonen sich in früheren Zeiten spätestens in der höheren Schule an eine schulförmig passend sozialisierte homogene Gruppe richten konnten, sind sie heute mit einer Schülerschaft konfrontiert, die nicht nur leistungsmäßig, sondern auch kulturell wesentlich heterogener ist. Entsprechend können gemeinsam akzeptierte Regeln nicht stillschweigend vorausgesetzt, sondern müssen erst explizit entwickelt und nachvollziehbar gemacht werden. Der zweite Punkt bezieht sich auf die präferierten Unterrichtsformen. Alle Konzepte, die eine Aktivierung der Schüler anstreben, die ihnen bei verminderter Kontrolle durch die Lehrperson verstärkte Selbsttätigkeit erlaubt, müssten sich eigentlich intensiv damit befassen, wie diese Selbsttätigkeit geregelt ablaufen kann und soll. Das geschieht aber kaum einmal, eher entsteht der Eindruck, dass man auf Trial-and-Error und ein naturwüchsiges Werden vertraut. Das gelingt ohne Unterstützung häufig nicht und macht selbst im günstigeren Fall die Abläufe langwierig. Es ist dann nicht verwunderlich, wenn Schüler den Frontal- dem Gruppenunterricht mit der Begründung vorziehen, sie ‚kämen sonst nicht zurecht' (vgl. Diegritz/Rosenbusch 1977, S. 135ff.). Selbst wenn die Schüler ohne Unterstützung zu Regelungen finden, bedeutet dies nicht notwendig, dass Entstehungsprozess und Ergebnis pädagogischen Vorstellungen gelungener Kommunikation und Interaktion entsprechen. So bekommt der reflektierte Umgang mit Regeln gerade in den Unterrichtsformen besondere Bedeutung, bei denen Schüler verstärkt Verantwortung für den Gang ihrer Lernprozesse übernehmen sollen.

7.4 Lernen fördern

Bedrohungsarme Lernatmosphäre

Lernen ist risikobehaftet: Man probiert etwas aus, das man so vorher nicht getan hat. Die Schule verschärft dieses Risiko, indem sie Lernerfolge beurteilt und damit Zukunftschancen eröffnet oder verschließt und indem sie Erfolg und Scheitern öffentlich macht. Solange sie ihre Selektionsfunktion in der Massenschule erfüllt, ändert sich an diesen prinzipiellen Risiken nichts, sie können bestenfalls für eine Zeit ausgeblendet oder verschoben (wie z.B. in der Waldorfschule) und in der subjektiven Wirkung gemildert werden, wie durch präzise und sensible Leistungsrückmeldungen.

In diesem institutionell vorgegebenen Rahmen gibt es aber durchaus erhebliche Spielräume, den Unterricht für die Schüler subjektiv möglichst wenig belastend, kalkulierbar und erfolgreich zu gestalten. Dazu gehören alle Orientierungshilfen, die dazu beitragen, den Schülern ihre Arbeit nicht unnötig schwer und riskant zu machen. Die oben bereits angesprochenen Regeln tragen dazu allerdings nur bei, wenn sie nachvollziehbar und verlässlich gehandhabt werden. In Schülerinterviews stehen Fairness und Gerechtigkeit bei der Beurteilung von Lehrern daher an erster Stelle. Willkürliches Handeln des Lehrers – lerntheoretisch: die inkonsequente Handhabung von Konsequenzen – macht für die Schüler das Lernen gefährlich, es fördert unnötige Irritationen, Umwege und Konflikte.

Schüler sind deshalb, jedenfalls wenn sie erfolgreich in der Schule sind, überwiegend gute Beobachter ihrer Lehrer. Miller und Parlett (1976) sprechen von „Cue-Consciousness“, wenn sie die Fähigkeit erfolgreicher Schüler bezeichnen, auch indirekte Hinweisreize des Lehrers auszudeuten, um aus dem, was offiziell wichtig ist, das herauszufiltern, worauf es ihm (in Prüfungen) tatsächlich ankommt. Schüler registrieren auch sensibel, wenn Tun und Reden des Lehrers nicht übereinstimmen. Der Lehrer, der Rücksichtnahme usw. predigt und von seinen Schülern erwartet, diese aber nicht lebt, wird bei seinen Schülern mit einer ähnlichen Doppelmoral rechnen müssen, wie er sie modellhaft vorführt.

Merke!

Inhaltliche Strukturierung und Orientierung

Oben wurde bereits die Organisation der Abläufe, also gewissermaßen die Choreographie des Unterrichts, als wesentliche Voraussetzung für die Orientierungssicherheit der Schüler angesprochen. Sie sorgt für Klarheit, wann etwas anfängt und aufhört, worum es geht und wer wofür zuständig ist.

Solche Orientierungshilfen sind für die Auseinandersetzung mit den Lerninhalten auf der Basis des oben (Kapitel 4.6) vorgestellten konstruktivistischen Lernverständnisses und mit den Befunden der Gedächtnisforschung (s. Kapitel 5.2) wünschenswert, wenn eine subjektiv sinnvolle Verarbeitung der Inhalte und eine vielfältige Verknüpfung im Gedächtnis gefördert werden soll. Vor diesem Hintergrund ist es naheliegend, den Lernprozess so zu gestalten, dass die Strukturierung von Inhalten erleichtert und der spätere Abruf des Gelernten wahrscheinlicher gemacht wird. Unter den Vorschlägen, die dies bezwecken, hat der von Ausubel besondere Beachtung gefunden. „Advance Organizer", Vorabstrukturierungshilfen, können nach seiner Vorstellung das Lernen und das Behalten des Gelernten in dreifacher Weise erleichtern (vgl. Ausubel 1968, S. 137):

Advance Organizer

1. Sie stellen eine Verbindung zu bereits vorhandenen Konzepten und Wissensstrukturen des Lernenden her.
2. Sie vermitteln geeignete Ordnungsgesichtspunkte.
3. Sie fördern das Behalten des Gelernten durch die Verknüpfung von Einzelinformationen.

Der Advance Organizer ist dabei nur als zusätzliche Hilfe gedacht, er macht eine übersichtliche Strukturierung der Inhalte nicht überflüssig (vgl. ebd., S. 149). Bei vollständig neuartigen Inhalten bietet er Ordnungsgesichtspunkte an, die der strukturierten Erfassung dienen können, bei Inhalten, die in bereits vorhandene Wissensbestände und -strukturen integriert werden können, stellt er Bezüge her.

Damit ein Organizer diese Funktionen erfüllen kann, muss er nach Ausubels Vorstellung auf einem höheren Abstraktionsniveau liegen (ebd., S. 148). Das erscheint plausibel, wenn der Organizer als Strukturangebot verstanden wird. Nach den vorliegenden empirischen Untersuchungen scheint es aber so zu sein, dass konkreter formulierte Strukturierungs- und Überbrückungshilfen zwischen Neuem und Bekanntem eher geeignet sind (vgl. Mietzel [5]1998, S. 224; Hasselhorn/Gold [2]2009, S. 55f.). Nach Hasselhorn und Gold (ebd.) sollten diese Hilfen möglichst:

- Beziehungen zwischen Neuem und Bekanntem herstellen,
- Aufmerksamkeit wecken,
- konkret formuliert sein.

So einleuchtend es ist, dass Vorstrukturierungen Schülern helfen können, „das, was in seiner Bedeutung nicht klar und daher unorganisiert ist, klassifizierbar und somit leichter erinnerbar zu machen" (Gage/Berliner [5]1996, S. 408), so unklar bleibt allerdings üblicherweise, welche und wessen Strukturen es sind, die angeboten oder zu denen Bezüge hergestellt werden sollen. Am einfachsten fällt die Antwort, wenn man damit die offizielle Schul- bzw. Fachstruktur meint und Lernen in der Schule als die Vermittlung bestimmter Inhalte und auch Strukturierungsweisen versteht, die von denen abweichen, über die der Schüler schon verfügt. Wenn Lernen aber im weitesten Sinn konstruktivistisch verstanden und das Ziel des Unterrichts auch darin gesehen wird, die Schüler bei einer eigenständigen Verarbeitung von Lernangeboten zu unterstützen, gibt es auch offiziell (inoffiziell gibt es sie ohnehin) die individuell unterschiedlichen Wissensstrukturen der Schüler, auf die Advance Organizer Bezug nehmen müssten. Unzureichende Sensibilität für die kognitiven Strukturen, Konzepte und Alltagstheorien der Schüler (vgl. z.B. Born 1976; Hagstedt 1980; Hurrelmann 1980) kann dann durchaus dazu führen, dass Strukturierungshilfen mehr Irritation als Klarheit produzieren. Hasselhorn und Gold weisen nur kurz darauf hin, dass „sich eine effektive Form der Vorstrukturierung jener Begriffe und Konzepte zu bedienen hat, die der Lernende bereits kennt" ([2]2009, S. 56). Das ist auf der Basis eines konstruktivistischen Lernverständnisses nur konsequent, führt aber zu der Frage, wie genau man diese Begriffe und Konzepte als Lehrer kennen kann, um dann darauf Bezug zu nehmen.

Individuell wird man diese Konzepte nur im Ausnahmefall kennen können. Wie in anderen Fällen auch, in denen es um die Berücksichtigung der Voraussetzungen von Schülern geht, wird man mit dem Konstrukt des „mittleren Lernenden“ (Hasselhorn/Gold [2]2009, S. 254) arbeiten und aus typischen Arbeitsstrategien und häufiger auftretenden Lernschwierigkeiten Hinweise gewinnen müssen, wann Lern- und Strukturierungshilfen geändert werden sollten. Dabei ist, wie bei allen Lern- und Hilfsangeboten, davon auszugehen, dass die Schüler je nach ihren individuellen Voraussetzungen unterschiedlich von diesen Hilfen profitieren. Im vorliegenden Fall ist erwartbar, dass dies insbesondere Schüler mit geringen Vorkenntnissen und wenig entwickelten eigenen Strukturierungssystemen sein werden (vgl. Gage/Berliner [5]1996, S. 326).

Gage und Berliner ([5]1996, S. 408) weisen zu Recht darauf hin, dass Vorstrukturierungshilfen dem entdeckenden Lernen zu widersprechen scheinen. Während für Ausubel die Struktur am Anfang steht, ist sie beim entdeckenden Lernen der Idee nach im günstigen Fall das Ergebnis. Wenn diese Vorstrukturierungshilfen allerdings nicht im Sinne herbartianischer Pädagogik als planmäßige Anpassung an die vorgegebenen schuloffiziellen Strukturen verstanden werden und entdeckendes Lernen nicht als völlig freies Versuchs- und Irrtums-Lernen, ergibt sich kein derart harter Gegensatz. Dann sollte einerseits (s.o.) auf die Begriffe und Konzepte der Schüler Bezug genommen werden und andererseits entdeckendes Lernen nicht als gänzlich frei angesehen werden. Je nach den Lernerfahrungen, die gefördert werden sollen, können vorstrukturierende Gesichtspunkte und Leitgedanken oder die Einordnung am Ende des Prozesses sinnvoll sein (vgl. auch Terhart [2]2005, S. 143f.).

Merke!

Didaktische Reduktion und Differenzierung

Ein Hauptproblem der pädagogischen Diskussionen zu erwünschten Lernprozessen von Schülern besteht traditionell darin, dass sie vorzugsweise die Verfasstheit des Individuums am Ende des Erziehungs- und Bildungsprozesses emphatisch andeuten – und konkrete Schritte und Maßnahmen, die dort hinführen, kunstvoll im Ungewissen belassen. Diese Verfasstheiten sind so vielschichtig und umfassend, dass der Gedanke, man könnte sie machen, unzulässig vereinfachend und absurd erscheinen muss. Solche ‚Geschehens-‘ und ‚Gnadenlehre des Unterrichts‘ verliert aus dem Blick, dass auch die komplexeste Kompetenz oder Haltung auf dem aufbaut, was man konkret weiß und kann und zunächst einmal gelernt und geübt haben muss. Skinner (1968) äußert sich dazu so:

> „The human organism does, of course, learn without being taught. It is a good thing that this is so, and it would no doubt be a good thing if more could be learned in that way. […] But discovery is no solution to the problems of education. A culture is no stronger than its capacity to transmit itself. It must impart an accumulation of skills, knowledge, and social and ethical practices to its new members. The institution of education is designed to serve this purpose. It is quite impossible for the student to discover for himself any substantial part of the wisdom of his culture, and no philosophy of education really proposes that he should." (S. 110)

Der letzte Satz stimmt allerdings für die deutsche erziehungswissenschaftliche Diskussion zumindest in ihren besonders optimistischen Phasen nur eingeschränkt. Prange hat sich dazu einmal in der folgenden Weise Luft gemacht:

> „Die didaktische und pädagogische Reflexion hat von Zeit zu Zeit Anfälle einer Sehnsucht nach Natur und Natürlichkeit, so wie ein Quartalssäufer in regelmäßigen Abständen den ruhigen Gang und die Ordnung der Dinge nicht aushält und sich ins bacchantische Vergessen stürzt. Einmal ist das ‚Organische' dran, dann das ‚Völkische', mal der ‚Praxisbezug' und heute der ‚Alltag'." ([2]1986, S. 203f.)

Anspruchsvolle pädagogische Ziele, die Bildung und Mündigkeit fördern wollen, sind nicht mechanistisch, in der kurzen Zeit eines Menschenlebens aber auch nicht allein durch eine Trial-and-Error-Methode zu erreichen. Entsprechend ist es notwendig, sich auch mit Lernprozessen zu beschäftigen, die erst einmal die Voraussetzungen für höherwertige und komplexere schaffen. Es geht also bei der Behandlung schulischen Lernens und Lehrens darum, zwei Verkürzungen zu vermeiden:

> Der verhaltensorientierte Lernbegriff begünstigt eine Lehre, die sich an konkret messbaren Resultaten orientiert – und komplexere, schlechter greifbare und erst langfristig wirksame Prozesse vernachlässigt. Umgekehrt begünstigt eine Vernachlässigung konkret messbarer Resultate eine Lehre, die sich in der (ungeprüften) Überzeugung gefällt, Überzeugungen, Haltungen und Bereitschaften zu entwickeln.

Operantes Konditionieren in der Schule

Skinners Ziel war es, auf der Basis empirischer Untersuchungen das Lehren zu einer geplant einsetzbaren wirkungsvollen Technologie zu entwickeln, die Lernen zu einer befriedigenden Erfahrung macht. In diesem Zusammenhang sind die folgenden Punkte relevant.

Eine zentrale Kritik Skinners am bestehenden Schulwesen bezieht sich auf dessen *aversiven Charakter*:

> „In the light of our present knowledge a school system must be called a failure if it cannot induce students to learn except by threatening them for not learning." (1968, S. 57)

Skinner kritisiert an der pädagogischen Praxis, dass sie in weiten Bereichen nicht positiv Lernen unterstützt und fördert, sondern Nicht-Lernen bestraft oder mit Strafe bedroht. Die Strafkultur der Lehre ist nach Skinners Einschätzung weder bei der Initiierung von Lernprozessen besonders erfolgreich, noch für die Gestaltung einer förderlichen Lernumgebung hilfreich, weil sie Ängste und Vermeidungsverhalten (s.o.) verstärke. Zur Gestaltung einer positiven Lernsituation gehört für ihn die Vermeidung von Strafen, vor allem aber die Gestaltung von Lernprozessen, die den Schülern Erfolgserlebnisse ermöglichen.

Dazu gehört nach Skinners Vorstellung das *Zerlegen der Lernziele in Teillernziele* und entsprechende Teilaufgaben. Das Ergebnis sind kleinschrittig organisierte Lernpläne, wie Skinner sie in der programmierten Unterweisung vorgeführt hat (vgl. Skinner 1968; Holland/Skinner [2]1974), die ein Scheitern fast unmöglich machen und quasi dafür sorgen, dass der Schüler von Erfolg zu Erfolg voranschreitet. In den Beispielen zur programmierten Unterweisung ist dieses Prinzip auf die Spitze getrieben und führt zu Materialien, die zwar den Erfolg garantieren mögen, aber in dieser zwanghaften Form wenig motivierend daherkommen. Im Prinzip setzt Skinner damit aber um, was auch Pädagogen unter anderen Bezeichnungen immer wieder gefordert haben: die didaktische Reduktion, Vereinzelung oder Isolierung der Schwierigkeiten (vgl. Otto 1908, S. 70; Prange [2]1986).

Das Bemühen, in diesem Sinne Erfolgserlebnisse der Schüler zu ermöglichen und Lernen zu einer positiven Erfahrung zu machen, macht bei zunehmender Heterogenität der Schülerschaft allerdings auch eine verstärkte Differenzierung der Angebote und Schwierigkeitsgrade erforderlich (vgl. Kapitel 6), so dass Über- und Unterforderung möglichst reduziert werden.

Ein weiterer wichtiger Beitrag der Arbeiten zum operanten Konditionieren besteht in dem Nachweis, dass eine *enge zeitliche Verknüpfung der Konsequenzen* mit dem Verhalten wesentlich dazu beiträgt, dieses Verhalten aufrecht zu erhalten und seine Auftretenswahrscheinlichkeit zu erhöhen. In Skinners Formulierung:

> „The trouble with ultimate advantages is that they are ultimate. [...] We often try to rescue something from ultimate advantages by emphasizing progress toward them. [...] To arrange good instructional contingencies, the teacher needs on-the-spot consequences." (1968, S. 147f.)

Der beliebte Trost, man werde später im Leben noch rückblickend dankbar sein für die aktuellen schulischen Zumutungen, ist nicht nur wenig überzeugend, sondern auch wenig wirksam, wenn es um die Förderung von Lernverhalten geht. Das Problem schulischer Unterweisung besteht darin, dass schulisches Lernen überwiegend Vorratslernen ist und sich sein Nutzen (wenn überhaupt) erst irgendwann in der Zukunft zeigt. Daher müssen für das Lernen in der Schule positive Ersatzkonsequenzen gefunden werden: Lob, symbolische Verstärker (‚Tokens': Sternchen, Punkte usw.). Die schlechteste Möglichkeit ist im Sinne des operanten Paradigmas jedenfalls die markige Ansage: „Nutzt nichts, da müssen wir jetzt durch!"

Zu den wesentlichen Erträgen der Lernforschung im Rahmen des operanten Paradigmas gehört schließlich die Untersuchung von Verstärkungsplänen, weil sie situative Einzelabläufe in den

Kontext von Lerngeschichten stellen. In diesem Zusammenhang sind insbesondere die Befunde zur Wirkung intermittierender Verstärkung von großer praktischer Bedeutung. Gezeigt werden konnte, dass Verhalten, das nicht ständig, sondern nur ab und zu verstärkt wird, löschungsresistenter ist als eines, das immer verstärkt wird. Wer nur manchmal mit seinem Verhalten Erfolg hatte, wird es also auch bei wiederholten Misserfolgen nicht gleich aufgeben. Beim Aufbau neuen Verhaltens ist dies wichtig, weil es zur Stabilisierung des Verhaltens sinnvoll ist, von kontinuierlicher Verstärkung zur intermittierenden Verstärkung überzugehen. Weniger technisch ausgedrückt: Während es zu Beginn eines Lernprozesses sinnvoll ist, auch kleine Fortschritte positiv aufzunehmen, sollte die Verstärkung allmählich seltener werden und sich dann auch auf anspruchsvollere Fortschritte beziehen. Auf die Unsinnigkeit mechanischen Dauerlobs wurde an anderer Stelle bereits hingewiesen. Mindestens genauso wichtig ist die Wirkung intermittierender Verstärkung allerdings beim Abbau unerwünschten Verhaltens. Im Alltag stellt es sich so dar: Wer den Schülern manchmal etwas „durchgehen“ und „Fünfe gerade sein lässt“, sich also inkonsequent verhält, stabilisiert damit das unerwünschte Verhalten. Konsequenz hat allerdings, zumindest in der Pädagogik der letzten Jahrzehnte, den Ruch des Mechanischen, der Starrheit und Prinzipienreiterei, wo man lieber offen, intuitiv und situativ flexibel sein möchte. Erstens sind Konsequenz und Flexibilität aber keine Gegensätze, weil auch im Sinne des operanten Paradigmas situativ angepasste Konsequenz wünschenswert ist. Zweitens geht es hier um zwei verschiedene Vorstellungen pädagogischer Professionalität: Im einen Fall steht die Effektivität im Vordergrund, für die das Lehrerhandeln diszipliniert werden muss. Im anderen Fall steht eine alltäglichere, menschlich „unperfektere“ Lehrer-Schüler-Beziehung im Vordergrund, die, so die Hoffnung, gegebenenfalls mangelnde Konsequenz wettmacht. Wer sich für die zweite Variante entscheidet, lebt und arbeitet vielleicht mit einem besseren Gefühl, aber mit einiger Sicherheit auch anstrengender. Zudem gehört inkonsequentes Verhalten aus guten Gründen zu den Hauptmängeln, die ein Lehrer aus Schülersicht haben kann. Denn er macht die Bewältigung ihres Schulalltags unnötig unkalkulierbar und riskant.

Merke!

Lernen am Modell in der Schule

Lernen am Modell findet geplant und ungeplant in der Schule ständig statt. In der Literatur liegt der Schwerpunkt auf den geplanten Lernprozessen und zudem auf denen, die zwischen Schülern stattfinden. Behandelt wird also etwa im Rahmen von Konzepten zum sozialen Lernen, wie man Schüler gezielt als Modelle für erwünschtes Verhalten einsetzt. In den Hochzeiten der Verhaltensmodifikations- und -trainingsprogramme in den 70er Jahren des vorigen Jahrhunderts wurden z.B. zahlreiche Vorschläge zum Einsatz von Rollenspielen entwickelt, in denen modellhaft prosoziales Verhalten vorgeführt bzw. unsoziales Verhalten bestraft werden sollte. Oft mit einer stark suggestiv-manipulativen Auslegung und moralisierend (vgl. z.B. Shaftel/Shaftel 1973). Empirische Befunde insbesondere aus der Forschung zur Gesamtschule und zum heimlichen Lehrplan zeigen aber, dass derartige Konzepte möglicherweise nicht mehr als situativ sozial erwünschtes Verhalten und Lippenbekenntnisse erreichen (vgl. z.B. Bernhardt u.a. 1974; Fromm 1986). Unbefriedigend ist darüber hinaus die Verengung der Betrachtung auf den Teilaspekt „Schüler als Modelle für Schüler". Um die dabei ausgeklammerten Aspekte in den Blick zu bekommen, ist etwas Systematik hilfreich. Prinzipiell kann Modelllernen in der Schule jeweils ungeplant und geplant in den folgenden Beziehungen stattfinden:

- Lehrer – Schüler
- Schüler – Schüler
- Schüler – virtuelles Modell

Lehrer – Schüler

In historischen pädagogischen Konzepten hat der Lehrer als Modell ausdrücklich eine große Bedeutung, er fungiert quasi als Vorbild für gelungene Persönlichkeits- und Charakterbildung. So war etwa für die Herbartianer (vgl. Fromm 1987, S. 49ff.) die Wirkung des erziehenden Unterrichts wesentlich davon abhängig, dass der Lehrer konsequent und vollkommen vorlebt, was die Schüler noch werden sollen. Die Herbartianer sind hier deshalb hervorhebenswert, weil sie ihre Ziele und auch die spezifischen Ansprüche an das Vorbild Lehrer explizit und detailliert formulieren. Die Erwartungen an die Modellwirkung des Lehrers sind in anderen Konzepten mit ausgeprägt erzieherischer Zielrichtung, wie sie z.B. in der sogenannten „Reformpädagogik" zu Beginn des 20. Jahrhunderts typisch sind, allerdings nicht geringer; dort spielen andere Vorstellungen von der Lehrer-Schüler-Beziehung und dem Ergebnis der Modellwirkung eine Rolle, diese sind aber vor allem unspezifischer. Dass der Lehrer Modell im Sinne eines Vorbildes sein kann und soll, bleibt aber erhalten und findet sich noch Jahrzehnte später in Herman Nohls Formulierung vom idealen „pädagogischen Bezug":

> „Das entscheidende Zentrum des geistigen Lebens ... erwächst nur im Willensverkehr mit einem reiferen Willen, der das Durcheinander der kindlichen Seele zusammenschweißt in den beiden Einheitsmächten: Liebe und Gehorsam" (Nohl [8]1978, S. 174).

Dagegen hat sich dann allerdings insbesondere die emanzipatorische Pädagogik abgesetzt, weil sie darin nicht nur, wie Nohl, ein pädagogisch fruchtbares Unterordnungsverhältnis, sondern ein pädagogisch nicht legitimierbares Unterwerfungsverhältnis gesehen hat.

Die Abkehr von den Vorstellungen des Lehrers als Modell und Vorbild ist in der neueren Pädagogik zumindest in der konzeptionellen Diskussion energisch. Der wesentliche Grund ist das von der emanzipatorischen Pädagogik problematisierte Verhältnis zur Leitidee der Mündigkeit. Es gibt aber auch einen pragmatischen Grund: Die von den Herbartianern vorgesehene Modellwirkung geht davon aus, dass der Lehrer überhaupt ein wirkungsvolles Modell sein kann. Das aber setzt nicht nur voraus, dass das Modell mit seinem Verhalten erfolgreich ist, sondern vor allem, dass das Modell für die Schüler das nötige Prestige hat und attraktiv ist (vgl. Woolfolk [10]2008, S. 287). Das mag im 19. Jahrhundert zur Zeit der Herbartianer noch der Fall gewesen sein, heute dagegen erscheint die Erwartung, Lehrer könnten wirkungsvolle Modelle im Sinne von Vorbildern für die eigene Lebensgestaltung sein, deutlich weniger realistisch.

Zurückhaltung in dieser Hinsicht bedeutet aber nicht grundsätzlich, dass Lehrer keine Modellwirkung haben und pädagogisch nicht haben sollten. Weitgehend ungeplant liefert der Lehrer fortlaufend Anschauungsbeispiele für den Umgang mit den Schülern allgemein und Anhaltspunkte für erfolgreiches Schülerverhalten speziell. Im ersten Fall geht es darum, welche Umgangsformen vom Lehrer nicht nur propagiert, sondern gelebt werden. Widersprüche zwischen dem, was z.B. von den Schülern gefordert und im Zusammenhang mit Unterrichtsthemen als gut und richtig dargestellt wird und dem tatsächlichen Verhalten des Lehrers werden von den Schülern, die schließlich Experten für Lehrerverhalten sind, wahrgenommen. Rücksichtnahme, Mitgefühl, Geduld usw. überzeugen als verbale Bekundungen oder etwa als Themen des Ethikunterrichts die Schüler wenig, wenn gleichzeitig der konkrete Umgang damit nicht übereinstimmt. Der zweite, speziellere Fall: Im Umgang mit den Schülern führt der Lehrer ständig vor, was man zu erwarten hat, wenn man im Unterricht einen Beitrag liefert, eine Frage hat, einen Fehler macht, sich nicht beteiligt usw. Und er führt dabei auch vor, wie konsequent und nach Schülermaßstäben gerecht er sich dabei verhält. Ein Schüler muss also nicht erst selbst die Erfahrung machen, dass der Lehrer ihn bei einer falschen Antwort vor der Klasse bloßstellt. Wenn er diesen unerfreulichen Ablauf wiederholt bei Mitschülern modellhaft stellvertretend erfahren hat, wird er diese Situation zu vermeiden suchen. Und wenn er, weniger dramatisch, aus Erfahrung wissen kann, dass ohnehin nur die Schülerbeiträge beachtet und gelobt werden, die von den Lehrerlieblingen kommen, wird er sein Engagement ähnlich dosieren. Die „Wellen-Effekte", die auf diese Weise durch Modelllernen in der Klasse ausgelöst werden können, hat Kounin (1976) in seinen Studien zur Klassenführung untersucht. Sie verdeutlichen, dass der Lehrer grundsätzlich mit der Gruppe kommuniziert, auch wenn er nur einen einzelnen Schüler adressiert. Umgekehrt bedeutet das:

> Wer als Lehrer bestimmte Erwartungen an das Verhalten der Schüler hat, sollte sich seiner möglichen Modellwirkung bewusst sein und sich entsprechend verhalten. Diese Modellwirkung fängt bei sogenannten ‚Sekundärtugenden' wie Pünktlichkeit, Zuverlässigkeit usw. an und setzt sich im sozialen Umgang fort.

Neben solchem Modelllernen, das vor allem Reden und Tun des Lehrers glaubhaft verbindet, sind Maßnahmen erwähnenswert, die gezielt Beobachtungsgelegenheiten herbeiführen. Wenn z.B. ein Schüler (mutmaßlich) zu ängstlich ist, um sich am Unterricht aktiv zu beteiligen, dann ist im Kontext der Schule üblicherweise keine gründliche Analyse möglich, was diese Zurückhaltung verursacht hat. Es ist mit großer Wahrscheinlichkeit auch nichts dadurch erreicht, dass man diesen Schüler gezielt zur Beteiligung auffordert und ihn damit mit seinem Problem exponiert. Neben anderen Maßnahmen, die ihm die Beteiligung erleichtern können, wie etwa Gruppenarbeit, kann hier Modelllernen zum Einsatz kommen, um dem Schüler stellvertretend im Umgang mit anderen Schülern erfahrbar zu machen, dass Beiträge und auch Fehler in einer positiv-konstruktiven Weise aufgenommen werden. Zu beachten ist dabei, dass diese stellvertretende Erfahrung an anderen Schülern stattfindet, die als mögliche Identifikationsfiguren taugen, es sich also nicht um die Stars der Klasse, sondern um Schüler handelt, die auch mit Schwierigkeiten zu kämpfen haben.

Wenn über die möglichen Modellwirkungen in der Schule gesprochen wird, sollte allerdings nicht vergessen werden, dass die Schüler vor, neben und nach der Schule mit zahlreichen anderen Modellen konfrontiert sind. Neben den Menschen aus ihrem direkten sozialen Umfeld, also Familie und Gleichaltrige, sind das Politiker, Sportler und Künstler, von denen die Medien berichten. In vielen Fällen mag diese Modellwirkung zwar intensiv, aber eng begrenzt sein: Man lässt sich ein Tattoo stechen oder ahmt einprägsame Gesten der Modelle nach. In anderen Fällen, wenn es etwa um grundsätzliche moralische Prinzipien geht, ist diese Wirkung vielleicht weniger offensichtlich, aber wichtiger. Wenn z.B. im alltäglichen Umgang (in Familie und Peergroup) Gewalt als üblich und erfolgreich erfahren wird, Gesetzesverstöße (von der Steuerhinterziehung bis zum Plagiat) als Kavaliersdelikt behandelt werden und erfolgreich sind, ist das Grundproblem:

> „Die Erwachsenen leben nicht so, daß die Kinder unmittelbar von ihnen lernen könnten/sollten." (v. Hentig 1999, S. 55)

Weil das so ist, kann auf intentionale Erziehung nicht verzichtet werden (vgl. Schleiermacher 1964, S. 94). Sie ist dann aber mit den folgenden Problemen konfrontiert:

- „Pädagogik müßte in den Kindern das gemeinte Ethos (die Haltung und Tatkraft) ins Leben rufen, das in den Erwachsenen erstorben ist.
- Sie müßte dies tunlichst erreichen, ohne mit dem Weltuntergang oder einer Katastrophe oder auch nur einer dramatischen Verschlechterung der Lage zu drohen, weil das entmutigt.
- Sie müßte den Kindern verständlich machen, warum, obwohl das Ethos als Einsicht da ist, die Erwachsenen nicht danach leben, jedenfalls keinen Erfolg damit haben; und dieses Verständnis darf ihren eigenen Bemühungen nicht im Weg stehen." (v. Hentig 1999, S. 55)

Weil die Schule im Leben der Schüler nur einen kleinen, vermutlich nicht einmal besonders wichtigen Raum einnimmt, kann der Gesellschaft in der Schule allerdings nicht quasi ihre bessere Zukunft vorerfunden und -gelebt werden.

Schüler – Schüler

Ob sich die Schüler-Schüler-Beziehung für das Modelllernen eignet, ist in der pädagogischen Tradition extrem unterschiedlich gesehen worden. Die Herbartianer gingen davon aus, dass die Mitschüler schließlich auch noch Lernende seien, damit ‚unfertig' und keine brauchbaren Modelle. Entsprechend wurde der Kontakt der Schüler untereinander, weil potentiell dysfunktional, nach Möglichkeit unterbunden (vgl. Fromm 1987). Im Gegensatz dazu verfielen reformpädagogische Ansätze (in den 20er und 70er Jahren des vorigen Jahrhunderts) häufig in eine euphorische Stilisierung des Lernens in der Gruppe, die mitunter den Eindruck vermittelte, eigentlich seien Erwachsene und erst recht Pädagogen überflüssig; die Heranwachsenden könnten gemeinsam ihr soziales Miteinander regeln und sich zudem aneignen, was ihrer geistigen Entwicklung förderlich war. Implizit steckt diese Utopie in zahlreichen Konzepten zur pädagogischen Gruppenarbeit, etwa in Petersens Jena-Plan (1965) oder in den Konzepten zum sozialen Lernen in den 1970er Jahren (vgl. Fromm 1980). Sie erwecken den Eindruck, man müsse Schüler nur in Gruppen arbeiten lassen und dann werde schon alles gut – weil die Schüler sich durch Modelllernen und sozial konstruktives Verhalten positiv beeinflussten. Dass das nicht so ist, kann zwar jeder wissen, dennoch hält sich der Glaube daran in der pädagogischen Literatur hartnäckig. In der realen Welt setzt dagegen produktive Partner- und Gruppenarbeit ein paar Überlegungen zu möglichen Modellwirkungen und entsprechende Maßnahmen z.B. bei der Gruppenzusammensetzung oder der Aufgabenstellung voraus.

Virtuelle Modelle

Traditionell spielten bei der Einwirkung der Erwachsenen auf die heranwachsende Generation virtuelle Modelle eine große Rolle, insbesondere in erzieherischer Hinsicht: Mythen, Fabeln, Erzählungen, Lieder, Chroniken, religiöse und profane Texte aller Art und schließlich ausdrücklich für den schulischen Gebrauch ausgewählte oder verfasste Texte führten Personen und Ereignisse mit Vorbildfunktion vor und dienten als Orientierung. In der Historie hatte auch niemand Probleme damit, diese Modelle explizit als Vorbild herauszustellen und den Zeigefinger unterstützend zu erheben. Die Einkleidung hatte nicht den Zweck, das Modell zu verstecken, sondern durch Anreicherung mit vertrauten Elementen verständlicher und eingängiger zu machen, so etwa die moralisierenden Geschichten in Rochows weitverbreitetem Lesebuch von 1776 „Der Kinderfreund" (1979).

Solche Modelle gelungener Lebensführung lassen sich heute so nicht mehr präsentieren: Einmal haben die veränderten Lebensumstände zu einer Variabilität individueller Lebensläufe geführt, die in früheren Zeiten undenkbar war. Zum anderen haben sich seit der Aufklärung die Vorstellungen davon verändert, wie weit es zulässig ist, die nachwachsende Generation einfach daran zu gewöhnen, sich überkommenen Gebräuchen anzupassen. Zwar haben sich die technischen Möglichkeiten vermehrt, Modelle in eindrücklicher Weise zu präsentieren (Foto, Film, Computeranimation), gleichzeitig sind diese Modelle aber auch brüchiger und beliebiger geworden. Sie sind jeweils nur eine Möglichkeit unter unzähligen anderen. Modelllernen bekommt unter diesen Bedingungen einen anderen Schwerpunkt: von der Produkt- zur Prozessorientierung. Pädagogisch geht es dann nicht primär darum, einen gewünschten Endzustand vorzuführen und attraktiv zu machen. Es geht vielmehr darum, die Kompetenzen, die erforderlich sind, um eine eigene Vorstellung davon zu entwickeln, wo es hingehen kann und soll, durch Modelllernen zu vermitteln.

Konstruktionen in der Schule

Konstruktivistische Ansätze beschreiben und analysieren unsere Erkenntnismöglichkeiten und den konstruktiv-interpretativen Charakter unserer Erkenntnis. Im günstigen Fall liefern sie darüber hinaus eine Modellvorstellung von Lernprozessen, wie sie sich auf dieser erkenntnistheoretischen Basis darstellen. Das wurde in Kapitel 4 am Beispiel der Personal Construct Psychology gezeigt. Darüber, wie man jemandem etwas beibringen kann oder soll, macht aber die Personal Construct Psychology keine Aussagen. Das gilt ebenso für andere konstruktivistische Ansätze.

Aus der erkenntnistheoretischen Beschreibung und Analyse, dass jeder Mensch seine Erfahrungen letztlich individuell einzigartig verarbeitet, folgt ohne begründenden Zwischenschritt zwingend überhaupt nichts für die Lehre. Im schlimmsten Fall entmutigt sie jeden Versuch einer Vermittlung, weil der einzelne Mensch als selbstreferentielles System gedacht wird, das sich einer Steuerung von außen verschließt. In einer abgeschwächten Variante werden Lehrer durch den konstruktivistischen Ansatz vor allem für die konstruierende Eigenaktivität und für nicht geplante Verarbeitungsprozesse ihrer Schüler sensibilisiert und zu einer vorsichtigen Einschätzung der eigenen Wirksamkeit veranlasst, mehr aber auch nicht.

Nach dieser Einschätzung muss es überraschen, wenn es Arbeiten gibt, die für sich in Anspruch nehmen, „Konstruktivistische Didaktik" (Reich [4]2008) oder sogar „Systemisch-konstruktivistische Pädagogik" (Reich [6]2010) darstellen zu können. Kennzeichnend für die Arbeiten zur konstruktivistischen Didaktik ist eine heterogene Fülle methodischer Vorschläge (vgl. Terhart 1999), die auf den ersten Blick das Bild einer gänzlich beliebigen Anregungs- und Animationspädagogik vermittelt. Das wäre als resignative Reaktion auf die angenommene Eigenaktivität des Lernenden noch plausibel: Man gibt den Versuch der Belehrung auf, sorgt für alle nur denkbaren Angebote und überlässt dem lernenden Subjekt die Wahl. Der zweite Blick zeigt dann aber, dass diese Angebote nicht gänzlich, sondern innerhalb einer bestimmten Ausrichtung beliebig sind. Unter der neuen Überschrift „konstruktivistisch" findet sich (fast) alles wieder, was in den vergangenen vier Jahrzehnten schon unter anderen Überschriften (erlebnis- oder handlungsorientiert, interaktionistisch, systemisch, offen usw.) behandelt worden ist.

So referieren Hasselhorn und Gold ([2]2009, S. 234) z.B. als „Kernelemente moderat-konstruktivistischen Lehrens":

- „aktiv,
- konstruktiv,
- situiert,
- selbstregulativ,
- sozial."

Was diese Anforderungen an das Lehren mit der konstruktivistischen Erkenntnistheorie zu tun haben, bleibt üblicherweise bis auf recht allgemeine Hinweise unklar. Die so erzeugte Beliebigkeit schafft aber nach Terhart die Grundlage, „um allen möglichen sinnvollen und sinnlosen didaktischen Praxen zumindest begrifflich-semantisch einen brüllend modernen Anstrich zu geben" (2009, S. 147).

So ist festzuhalten, dass es Konstruktivistische Didaktik als Buchtitel und als neuen Sammelbegriff für den Wunsch nach Vermittlungs- und Aneignungsprozessen, die möglichst ganzheitlich, aktiv vom Lernenden gestaltet und bestimmt sein sollten, durchaus gibt. Ein Konzept, das solche Lehr-Lernprozesse begründet zur konstruktivistischen Erkenntnistheorie in Beziehung setzt, liegt aber noch nicht vor.

7.5 Erinnern erleichtern

Wie bereits angesprochen, gilt wie für die Vorschläge zu Förderung des Lernens auch für die zur Verbesserung der Gedächtnisleistung, dass die empirischen Befunden nur eine bedingt tragfähige Basis abgeben. Es muss über die jeweils sehr spezifischen

Untersuchungsbedingungen hinaus generalisiert und auf der Basis praktischer Erfahrungen ergänzt werden, was man sicher nicht wissen kann. Für die Bemühungen (vgl. Woolfolk [10]2008), auf der Basis der bisherigen Forschungen konkrete Vorschläge für die pädagogische Praxis zu machen, gilt daher in nicht unbeträchtlichem Maße, dass es sich um Annahmen handelt, die empirisch gesicherte Befunde mitunter recht mutig ausdeuten und generalisieren. Wenn man sich dagegen im Sinne von Hasselhorn und Gold (2009, S. 19) mit „Handlungsoptionen und allgemeinen Lehrprinzipien" begnügt, lassen sich etwa folgende Punkte nennen, die geeignet erscheinen, eine nachhaltige gedächtnismäßige Informationsverarbeitung zu unterstützen. Sie liefern für die pädagogische Praxis keine präzisen Verfahrensvorschläge, sondern eher Gesichtspunkte, deren Beachtung fruchtbar sein kann.

Sensorisches Register/Kurzzeitgedächtnis

So selbstverständlich es erscheinen mag, dass zunächst Aufmerksamkeit da sein muss, um dann das Beachtete verarbeiten zu können: Die Betrachtung von Unterrichtsstunden liefert dennoch unzählige Beispiele für missglückte Unterrichtsanfänge, überhaupt für Anfänge jeder Art. Wo es notwendig wäre, die Aufmerksamkeit der Schüler zu gewinnen und auf die kommenden Vorhaben zu fokussieren, ist zum Teil überhaupt nicht erkennbar, ob etwas schon angefangen hat und worum es gehen soll.

Dem stehen als anderes Extrem die Versuche insbesondere von Berufsanfängern im Lehrberuf gegenüber, durch spektakuläre Aufmacher die Aufmerksamkeit der Schüler zu erreichen. Wenn diese Stunden nach starkem Anfang noch stärker nachlassen, ist das der Verarbeitung von Information nicht förderlich, allerdings ebenso wenig, wenn sich über die gesamte Stunde immer neue Reizkaskaden anschließen.

Sinnvolle Stimulierung

Hilfreich ist dagegen eine Stimulierung, die die Aufmerksamkeit auf die relevanten Aufgaben fokussiert, etwa durch Stimulusvariationen (vgl. Gage/Berliner [5]1996, S. 281f.) wie Modulierung der Stimme, Bewegung im Raum, Gesten, Aktivitätswechsel o.ä. (vgl. a. Woolfolk [10]2008, S. 314). Die Kombination verschiedener Wahrnehmungskanäle (z.B. visuell/auditiv) kann die Wirkung dann unterstützen, wenn die Information auf beiden Kanälen kongruent auf den Inhalt bezogen ist. Einfach nur begleitende Reize, die mit der Sache nichts zu tun haben, können dagegen sogar ablenkende Wirkung haben (vgl. Hasselhorn/Gold [2]2009, S. 369f.).

Neben der Gewinnung der Aufmerksamkeit ist es wichtig, dem Vergessen durch Verknüpfung der Information und damit Reduktion der Einheiten, die Aufmerksamkeit beanspruchen, entgegenzuarbeiten (s.o. zum Thema *Chunking*). Gleichzeitig bleibt die Information durch die Verknüpfung Teil einer aktiven Auseinandersetzung und durch die Wiederholung resistenter gegen das Vergessen. Dazu kann auch die Verknüpfung der neuen Information mit schon Bekanntem und im Langzeitgedächtnis Gespeichertem beitragen. Im Überblick ergeben sich damit die folgenden Möglichkeiten einer Unterstützung der Informationsverarbeitung im sensorischen Register und im Kurzzeitgedächtnis:

- Stimulusvariation
- Multimediale Stimulation (fokussiert)
- Wiederholung
- Chunking
- Verknüpfung mit Bekanntem (Langzeitgedächtnis)

Kurzzeitgedächtnis/Langzeitgedächtnis

Für die Speicherung im Langzeitgedächtnis ist mit Blick auf den späteren Abruf der Erwerb von Suchalgorithmen von Bedeutung, um Ansatzpunkte und Strategien dafür zu haben, das Gespeicherte zu finden. Dazu gehören auch Hinweisreize, die uns daran erinnern, wann etwas zu tun ist, die also nicht nur Vergangenes betreffen, sondern im Rahmen des „prospektiven Gedächtnisses" (vgl. Schacter 2005, S. 85ff.) unser Handeln steuern.

Wenn Inhalte aus dem Langzeitgedächtnis abgerufen werden sollen, ist es vorab wichtig, dass diese Inhalte in einer Weise gelernt wurden, die den späteren Abruf erleichtert. Woolfolk ([10]2008, S. 324ff.) unterscheidet drei Voraussetzungen, die einen späteren Abruf erleichtern:

- Elaboration
- Organisation
- Kontext

Elaboration meint dabei die oben bereits angesprochene Verknüpfung von (neuen und alten) Wissensinhalten und die Vermittlung und Übung verschiedenartiger (z.B. multimedialer) Zugänge zu ihnen, etwa indem Inhalte nicht nur verkündet, sondern hergeleitet und erarbeitet sowie verschiedene Ausdrucks- und Verwendungsformen ausprobiert werden. Je vielfältiger die Auseinandersetzung mit den Inhalten ist, desto mehr Zugänge und Pfade stehen nachher dem Lernenden offen, um zu den gespeicherten Inhalten zu gelangen.

Elaboration

Ihre Begrenzung findet diese Vielfalt allerdings in der Notwendigkeit der *Strukturierung* und *Organisation* – das Ideal ist also nicht eine beliebige Vielfalt von Möglichkeiten der Auseinandersetzung mit dem Inhalt, sondern eine Ordnung, die erstens die Bildung von Informationseinheiten (siehe *Chunking*) und zweitens die regelgeleitete Ablage und Sichtung gespeicherter Information erleichtert.

Organisation

Mit dem Hinweis auf den notwendigen *Kontext* der Inhalte bezieht sich Woolfolk auf zwei Aspekte: auf assoziative Verknüpfungen des Gelernten und die Einbettung des Gelernten in einen subjektiv bedeutsamen Kontext. Im ersten Fall bemüht man sich um ein Assoziationslernen (vgl. Kapitel 4.2), bei dem Vorstellungsinhalte zur Erleichterung des Abrufs verknüpft werden. Im zweiten Fall steht dagegen ein konstruktivistisches Lernverständnis im Hintergrund und die Annahme, dass Informationen nicht einfach nebeneinander abgelegt, sondern in ein strukturiertes und hierarchisch organisiertes System eingebettet werden und so ihre individuelle Bedeutung zugewiesen bekommen (vgl. Personal Construct Psychology in Kapitel 4.6).

Kontext

Auch wenn keine Einigkeit darüber besteht, ob im Langzeitgedächtnis gespeicherte Informationen überhaupt verloren gehen oder wie Spurenzerfall angemessen verstanden werden kann (vgl. z.B. Mietzel [5]1998, S. 243), besteht doch andererseits Einigkeit darüber, dass das Erinnern durch intelligente Wiederholung des Gespeicherten verbessert werden kann. Es geht dabei nicht um papageienhafte Reproduktion (deshalb „intelligentes" Wiederholen), sondern um ein Wiederholen, das die Verknüpfungen zu anderen Inhalten auffrischt oder zusätzliche herstellt, indem das Gewusste benutzt und in verschiedene Zusammenhänge gebracht wird. Dieses intelligente Wiederholen besteht also nicht einfach im Abruf, sondern vor allem in der Aktivierung von Verknüpfungen, die langfristig den Zugang zum Gespeicherten sichern sollen. Damit das gelingt, ist zusätzlich die Vermittlung expliziten prozeduralen Wissens hilfreich, das als „metakognitives Wissen“ (Woolfolk [10]2008, S. 329ff.) bezeichnet wird und Grundlage von Mnemotechniken ist (vgl. Hasselhorn/Gold [2]2009, S. 55ff.). Gemeint ist damit, dass man nicht nur intuitiv mit dem im Langzeitgedächtnis Gespeicherten umgeht und auf Glück hoffen muss, um es erfolgreich abzurufen, sondern Strategien und Techniken bewusst verfügbar gemacht werden.

Im Überblick ergeben sich folgende Möglichkeiten zur Unterstützung der Zuweisung von Informationen zum Langzeitgedächtnis, ihrer Speicherung und ihres Abrufs:

- Vielfältige Verknüpfung
- Multimediale Repräsentation
- Intelligente Übung
- Strukturierung, Organisation
- Schaffung subjektiv relevanter Kontexte
- Chunking
- Vermittlung metakognitiven Wissens

Förderung autobiographischer Erinnerung in der Schule

Die Aufgabe zu lernen, wer man ist, wie man im Rahmen der Konventionen einer Gemeinschaft seine Erfahrungen für sich und die Anderen richtig verarbeitet, ist nicht neu. Neu ist ein zunehmendes Missverhältnis zwischen der Schwierigkeit dieser Aufgabe und den Hilfen, sie zu bewältigen: Auf der einen Seite wird die Aufgabe immer komplexer und im beschleunigten gesellschaftlichen Wandel zur Daueraufgabe, weil im modernen Leben nahezu alles grundsätzlich und jederzeit zur Disposition steht: Die sozialen Beziehungen, in denen man lebt, der Ort, an dem man wohnt, der Beruf, den man ausübt, die Religion, der man angehört usw. Alles könnte auch anders sein und morgen schon geändert werden müssen. Entsprechend schwierig gestaltet sich die Aufgabe, in diesem Wechsel ein autobiographisches „Fließgleichgewicht“ (vgl. Schmidt 1973, S. 320ff.) immer wieder neu herzustellen. Auf der anderen Seite nehmen gleichzeitig Lernmöglichkeiten und Hilfsangebote, mit diesen Schwierigkeiten fertig zu werden, nicht zu, sondern eher ab. Geboten wird zwar insbesondere über die Medien ein reichhaltiges Angebot an Selbstinszenierungen, die als Möglichkeiten autobiographischer Selbstorganisation verstanden werden könnten. Bereitgestellt werden dort allerdings vor allem fertige Schablonen, nicht aber Hilfen, wie man für sich eine akzeptable autobiographische Geschichte erst einmal entwickeln kann.

In der pädagogischen Diskussion ist, wie bereits angesprochen, immer wieder unter wechselnden Überschriften Thema gewesen, inwieweit es sinnvoll oder überhaupt möglich ist, die Aufgabe der Schule auf das Fachlernen im Unterricht zu beschränken. Im Anschluss an Herbart ist dies zwar weder sinnvoll noch möglich, wird aber immer wieder versucht. Unabhängig davon, ob man der Schule die Aufgabe der Erziehung und Persönlichkeitsförderung zugestehen will, finden dort immer auch biographisch relevante Lernprozesse statt. Die Frage ist dann, wie weit versucht werden kann und soll, Schüler bei der autobiographischen Organisation ihrer Erfahrungen gezielt zu unterstützen.

Wie Lern- und Erinnerungsprozesse so gestaltet werden können, dass eine subjektiv bedeutsame Verarbeitung von Inhalten gefördert wird, ist bereits angesprochen worden. Grundsätzlich gelten diese Überlegungen auch für autobiographische Erinnerungen. Spezifischer auf autobiographische Lernprozesse bezogen könnte schulisches Lernen:

- Endprodukten eine Geschichte, einen *Kontext*, geben.
- Aufzeigen, dass es *Alternativen* zu Motiven, Wegen usw. gibt.
- Zeigen, dass diese Alternativen *gemacht/gestaltet* werden können.
- Erfahrbar machen, wie das in *sozialen Beziehungen* geschehen kann.

Wichtig dabei ist allerdings, die eingangs eingeführte Differenzierung zwischen den Maßstäben für curriculare und autobiographische Erinnerungen zu beachten: Wo es bei curricularen Erinnerungen in vielen Fällen angemessen sein mag, richtiges Erinnern von außen festzulegen und zu definieren, wird unter dem Anspruch, Mündigkeit und selbstverantwortliches Handeln zu ermöglichen, die inhaltliche Festlegung einer richtigen autobiographischen Selbstauslegung problematisch. Der Schwerpunkt wird hier bei der Vermittlung und Übung von relevanten Informationen und prozeduralem Wissen liegen müssen, die Schüler zu einer autobiographischen Orientierung und zu begründeten Beurteilungen und Entscheidungen befähigen.

8. Literatur

Aebli, H. (1980): Zur Einführung. In: Piaget, J. (Hrsg.): Das Weltbild des Kindes. Frankfurt a.M./Berlin/Wien (Klett-Cotta/Ullstein), S. 8-12.

Anastasi, A. (1969): Psychological Testing. 4. Aufl. London (MacMillan).

Arbeitsgruppe Schulforschung (1979): Alltagstheorien von Schülern und Lehrern über Schulversagen. In: Schön, B./Hurrelmann, K. (Hrsg.): Schulalltag und Empirie. Weinheim/Basel (Beltz), S. 172-191.

Atkinson, R./Shiffrin, R. (1968): Human memory: A proposed system and its control processes. In: Spence, K./Spence, J. (Hrsg.): The psychology of learning and motivation (Bd. 2). New York (Academic Press), S. 89-195.

Ausubel, D. P. (1968): Educational Psychology. A Cognitive View. New York/Toronto (Holt, Rinehart & Winston).

Bandura, A. (1969): Principles of Behavior Modification. New York (Holt, Rinehart & Winston).

Bandura, A./Walters, R. H. (1963): Social Learning and Personality Development. New York (Holt, Rinehart & Winston).

Bannister, D./Fransella, F. (1981): Der Mensch als Forscher (Inquiring Man) – Einführung in die Theorie der persönlichen Konstrukte. Münster (Aschendorff).

Baruk, S. (1989): Wie alt ist der Kapitän? Über den Irrtum in der Mathematik. Basel (Birkhäuser).

Berger, P. L./Luckmann, T. (1980): Die gesellschaftliche Konstruktion der Wirklichkeit. Eine Theorie der Wissenssoziologie. Frankfurt a.M. (Fischer).

Berk, L. E. (2005): Entwicklungspsychologie. 3. aktual. Aufl. München u.a. (Pearson).

Bernfeld, S. (1973): Sisyphos oder die Grenzen der Erziehung. Frankfurt a.M. (Suhrkamp).

Bernhardt, M./Böttiger, M./Holst, H. D. u.a. (1974): Soziales Lernen in der Gesamtschule – Eine empirische Studie. München (Juventa).

Bernstein, D. A./Borkovec, T. D. (1975): Entspannungs-Training. Handbuch der progressiven Muskelentspannung. München (Pfeiffer).

Binet, A. (1927): Die neuen Gedanken über das Schulkind. 2. durchges. u. erg. Aufl. Leipzig (Wunderlich).

Bloom, B. S. (Hrsg.) (1974): Taxonomie von Lernzielen im kognitiven Bereich. 4. Aufl. Weinheim/Basel (Beltz).

Born, G. (1976): Der Atombegriff unserer Schüler. In: Physik und Didaktik 4 (1), S. 66-71.

Brecht, B. (1972): Geringe Forderungen der Schule. Unterbrochene Schulstunde - Schriftsteller und Schule, Frankfurt a.M. (Suhrkamp), S. 42-45.

Brezinka, W. (1971): Von der Pädagogik zur Erziehungswissenschaft. Eine Einführung in die Metatheorie der Erziehung. Weinheim/Berlin/Basel (Beltz).

Brezinka, W. (1977): Grundbegriffe der Erziehungswissenschaft. 3. verb. Aufl. München (Reinhardt).

Brezinka, W. (1978): Metatheorie der Erziehungswissenschaft. München/Basel (Reinhardt).

Brophy, J. E./Good, T. L. (1976): Die Lehrer-Schüler-Interaktion. München/Berlin/Wien (Urban und Schwarzenberg).

Bruner, J. S. (1956): A Cognitive Theory of Personality. In: Contemporary Psychology, S. 355-358.

Bueb, B. (2010): Lob der Disziplin: eine Streitschrift. Berlin (Ullstein).

Cronbach, L. J. (1990): Essentials of Psychological Testing. 5. Aufl. New York/Evanston/London (Harper).

Diederich, J. (1969): Zuhören: Die häufigste Schülertätigkeit. In: Zeitschrift für Pädagogik, 15 (5), S. 545-549.

Diegritz, T./Rosenbusch, H. S. (1977): Kommunikation zwischen Schülern. München u.a. (Urban und Schwarzenberg).

Dietrich, T./Klink, J. (1972): Zur Geschichte der Volksschule. Bd. 1: Volksschulordnungen 16.-18. Jahrhundert. 2. erw. u. verb. Aufl. Bad Heilbrunn (Obb.) (Klinkhardt).

Ellis, A. (1977): Übungen zum Erwachsenwerden: Die rational-emotionale Psychotherapie. In: Psychologie heute, 4 (1), S. 65-69.

Erikson, E. H. (1971): Identität und Lebenszyklus. Frankfurt a.M. (Suhrkamp).

Fend, H./Knörzer, W./Nagl, W.u.a. (1976): Gesamtschule und dreigliedriges Schulsystem - eine Vergleichsstudie über Chancengleichheit und Durchlässigkeit. Stuttgart (Klett).

Fivush, R. (1994): Constructing Narrative, Emotion, and Self in parent-child Conversations About the Past. The Remembering Self, Cambridge, Mass. (Cambridge University Press), S. 136-157.

Foerster, H. v. (1992): Entdecken oder Erfinden. Wie läßt sich Verstehen verstehen? In: Gumin, H./Meier, H. (Hrsg.): Einführung in den Konstruktivismus, München (Piper), S. 41-88.

Foppa, K. (1972): Lernen, Gedächtnis, Verhalten. 8. Aufl. Köln (Kiepenheuer & Witsch).

Freud, S. (1971): Vorlesungen zur Einführung in die Psychoanalyse, Neue Folge der Vorlesungen zur Einführung in die Psychoanalyse. 3. korr. Aufl. Frankfurt a.M. (S. Fischer).

Frisch, M. (1972): Geschichten. In: Frisch, M. (Hrsg.): Ausgewählte Prosa, 6. Aufl., Frankfurt a.M. (Suhrkamp), S. 8-11.

Fromm, M. (1980): Soziales Lernen in der Gesamtschule – Aspekte einer handlungsorientierten Konzeption. Frankfurt a.M./Bern/Cirencester (Lang).

Fromm, M. (1986): Lehrplan, heimlicher. Enzyklopädie Erziehungswissenschaft Bd. 3: Ziele und Inhalte der Erziehung und des Unterrichts, Stuttgart (Klett-Cotta), S. 524-528.

Fromm, M. (1987): Die Sicht der Schüler in der Pädagogik – Untersuchungen zur Behandlung der Sicht von Schülern in der pädagogischen Theoriebildung und in der quantitativen und qualitativen empirischen Forschung. Weinheim (Deutscher Studien Verlag).

Fromm, M. (1993): What students really learn: Students' personal constructions of learning items. In: International Journal of Personal Construct Psychology, 6 (2), S. 195-208.

Fromm, M. (2012): Einführung in didaktisches Denken. Münster (Waxmann).

Furtner-Kallmünzer, M./Sardei-Biermann, S. (1982): Schüler: Leistung, Lehrer und Mitschüler. In: Beisenherz, H. G. u.a. (Hrsg.): Schule in der Kritik der Betroffenen, München (Juventa), S. 21-62.

Gage, N. L./Berliner, D. C. (1996): Pädagogische Psychologie. 5., vollständig überarb. Aufl. Weinheim (Beltz, Psychologie Verl.-Union).

Gannaway, H. (1976): Making Sense of School. In: Stubbs, M./Delamont, S. (Hrsg.): Explorations in Classroom Observation, Chichester/New York/Brisbane/Toronto (Wiley), S. 45-82.

Glindemann, R. (1981): Pausengespräche in Schulen. In: Baurmann, J. u.a. (Hrsg.): Neben-Kommunikationen, Braunschweig (Westermann), S. 223-246.

Goffman, E. (1972): Asyle. Über die soziale Situation psychiatrischer Patienten und anderer Insassen. Frankfurt a.M. (Suhrkamp).

Hagstedt, H. (1980): Naive Unterrichtstheorien von Schülern. In: Hagstedt, H./Hildebrand-Nilshon, M. (Hrsg.): Schüler beurteilen Schule, Düsseldorf (Schwann), S. 27-42.

Hartmann, B. (1910): Die Analyse des kindlichen Gedankenkreises als naturgemäße Grundlage des ersten Schulunterrichts. 5.

durchges. u. erg. Aufl. Frankfurt a.M./Leipzig (Kesselringsche Hofbuchhandlung).

Hasselhorn, M./Gold, A. (2009): Pädagogische Psychologie. 2. durchges. Aufl. Stuttgart (Kohlhammer).

Hattie, J. (2015): Lernen sichtbar machen. 3. erw. Aufl. Hohengehren (Schneider).

Heinze, T. (1980): Schülertaktiken. München/Wien/Baltimore (Urban & Schwarzenberg).

Helmke, A. (2003): Unterrichtsqualität – erfassen, bewerten, verbessern. Seelze (Kallmeyersche Verlagsbuchhandlung).

Helmke, A./Weinert, F. E. (1997): Bedingungsfaktoren schulischer Leistungen. In: Weinert, F. E. (Hrsg.): Psychologie des Unterrichts und der Schule, Enzyklopädie der Psychologie, Göttingen (Hogrefe), S. 71-176.

Henningsen, J. (1974): Erfolgreich manipulieren – Methoden des Beybringens. Ratingen/Kastellaun/Düsseldorf (Henn).

Henningsen, J. (1980): Sprachen und Signale der Erziehungswissenschaft. Stuttgart (Klett-Cotta).

Henningsen, J. (1981): Autobiographie und Erziehungswissenschaft. Essen (Neue deutsche Schule).

Hentig, H. v. (1973): Schule als Erfahrungsraum. Stuttgart (Klett).

Hentig, H. v. (1976): Sozialpathologie der Schule. In: Hentig, H. v. (Hrsg.): Was ist eine humane Schule? München/Wien (Hanser), S. 56-94.

Hentig, H. v. (1999): Ach, die Werte! Weinheim (Beltz).

Herbart, J. F. (1968): Kleine pädagogische Schriften. Paderborn (Schöningh).

Herbart, J. F. (1976): Allgemeine Pädagogik aus dem Zweck der Erziehung abgeleitet. 5. Aufl. Bochum (Kamp).

Herndon, J. (1972): Die Schule überleben. Stuttgart (Klett).

Herrmann, U. (2009): Neurodidaktik. Grundlagen und Vorschläge für gehirngerechtes Lehren und Lernen. 2. erw. Aufl. Weinheim (Beltz).

Hilgard, E. R./Bower, G. H. (1971): Theorien des Lernens. 2. Aufl. Stuttgart (Klett).

Holland, J. G./Skinner, B. F. (1974): Analyse des Verhaltens. 2. überarb. Aufl. München/Berlin/Wien (Urban & Schwarzenberg).

Hurrelmann, K. (1980): Erfassung von Alltagstheorien bei Lehrern und Schülern. In: Lenzen, D. (Hrsg.): Pädagogik und Alltag, Stuttgart (Klett-Cotta), S. 45-60.

Hüske, H. (1973): Erfahrungen als Tutor in einer 8. Jahrgangsstufe. In: Keim, W. (Hrsg.): Gesamtschule – Bilanz ihrer Praxis, Hamburg (Hoffmann & Campe), S. 360-369.

Jackson, P. W. (1973): Was macht die Schule? – Die Lebenswelt des Schülers. In: betrifft:erziehung, 6 (5), S. 18-22.

Jank, W./Meyer, H. (1991): Didaktische Modelle. Frankfurt a.M. (Cornelsen Scriptor).

Kant, I. (1963): Ausgewählte Schriften zur Pädagogik und ihrer Begründung. Paderborn (Schöningh).

Kant, I. (1997): Was ist Aufklärung? In: Baumgart, F. (Hrsg.): Erziehungs- und Bildungstheorien, Bad Heilbrunn/Obb. (Klinkhardt), S. 39-40.

Kästner, E. (1972): Ansprache zum Schulbeginn. In: Michels, V. (Hrsg.): Unterbrochene Schulstunde, Frankfurt a.M. (Suhrkamp), S. 233-237.

Kelly, G. A. (1955): The Psychology of Personal Constructs. New York (Norton).

Kelly, G. A. (1970): Behaviour is an Experiment. In: Bannister D. (Hrsg.): Perspectives in Personal Construct Theory. London/New York (Acadamic Press) S. 255-269.

Kelly, G. A. (1991a): The Psychology of Personal Constructs. Volume One – A Theory of Personality. London/New York (Routledge).

Kelly, G. A. (1991b): The Psychology of Personal Constructs. Volume Two – Clinical Diagnosis and Psychotherapy. London/New York (Routledge).

Klauer, K. J. (2001): Anlage und Umwelt. In: Rost, D. H. (Hrsg.): Handwörterbuch Pädagogische Psychologie, 2. überarb. u. erw. Aufl. Weinheim (Beltz) S. 1-6.

König, E./Zedler, P. (1998): Theorien der Erziehungswissenschaft. Weinheim (Deutscher Studien Verlag).

Kotre, J. (1996): ‚Weiße Handschuhe. Wie das Gedächtnis Lebensgeschichten schreibt'. München (Hanser).

Kounin, J. S. (1976): Techniken der Klassenführung. Stuttgart (Huber/Klett).

Krathwohl, D. R./Bloom, B. S./Masia, B. B. (1975): Taxonomie von Lernzielen im affektiven Bereich. Weinheim/Basel (Beltz).

Kriz, J. (1981): Methodenkritik empirischer Sozialforschung. Eine Problemanalyse sozialwissenschaftlicher Forschungspraxis. Stuttgart (Teubner).

Krüssel, H. (1993): Konstruktivistische Unterrichtsforschung. Frankfurt a.M. (Lang).

Lewin, K. (1954): Behavior and development as a function of the total situation. In: Carmichael, L. (Hrsg.): Manual of child psychology, 2. Aufl., New York (Wiley).

Lienert, G. A. (1969): Testaufbau und Testanalyse. Weinheim/Berlin/Basel (Beltz).

Litt, T. (1965): Führen oder Wachsenlassen. 12. Aufl. Stuttgart (Klett).

Loftus, E. F. (1979): Eyewitness Testimony. Cambridge (Mass.) (Harvard University Press).

Ludwig, P. H. (2001): Pygmalioneffekt. In: Rost, D. H. (Hrsg.): Handwörterbuch Pädagogische Psychologie, 2. überarb. u. erw. Aufl. Weinheim (Beltz), S. 567-573.

Luhmann, N./Schorr, K.E. (1982): Das Technologiedefizit der Erziehung und der Pädagogik. In: Dies. (Hrsg.): Zwischen Technologie und Selbstreferenz. Fragen an die Pädagogik. (Frankfurt (Suhrkamp), S. 22-40.

Marotzki, W./Meister, D. M./Sander, U. (Hrsg.) (2000): Zum Bildungswert des Internet. Opladen (Leske+Budrich).

Maturana, H. R./Varela, F. J. (1987): Der Baum der Erkenntnis. Die biologischen Wurzeln des menschlichen Erkennens. 4. Aufl. Bern/München (Goldmann).

Mazur, J. E. (2004): Lernen und Gedächtnis. 5. aktual. Aufl. München u.a. (Pearson).

Meighan, R. (1978): A Pupil's Eye View of Teaching Performance. In: Educational Review, 30 (2), S. 125-137.

Meumann, E. (1914): Abriss der experimentellen Pädagogik. Leipzig [u.a.] (Engelmann).

Meyer, H. (2004): Was ist guter Unterricht? 2. durchges. Aufl. Berlin (Cornelsen/Scriptor).

Middleton, D./Edwards, D. (Hrsg.) (1990): Collective Remembering. London (Sage).

Mietzel, G. (1998): Pädagogische Psychologie des Lernens und Lehrens. 5., vollst. überarb. Aufl. Göttingen u.a. (Hogrefe).

Miller, C. M./Parlett, M. (1976): Cue-Consciousness. In: Hammersley, M./Woods, P. (Hrsg.): The Process of Schooling, London/Henley (Routledge & Kegan Paul), S. 143-149.

Miller, G. A./Galanter, E./Pribram, K. H. (1973): Strategien des Handelns – Pläne und Strukturen des Verhaltens. Stuttgart (Klett).

Muth, J. (1962): Pädagogischer Takt. Monographie einer aktuellen Form erzieherischen und didaktischen Handelns. Heidelberg (Quelle & Meyer).

Nash, R. (1973): Classrooms Observed. London/Henley/Boston (Routledge & Kegan Paul).

Nohl, H. (1959): Charakter und Schicksal – Eine pädagogische Menschenkunde. 5. Aufl. Frankfurt a.M. (Schulte-Bulmke).

Nohl, H. (1978): Die pädagogische Bewegung in Deutschland und ihre Theorie. 8. unveränd. Aufl. Frankfurt a.M. (Schulte-Bulmke).

Oerter, R. (1972): Moderne Entwicklungspsychologie. 11. neubearb. u. erw. Aufl. Donauwörth (Auer).

Otto, B. (1903): Beiträge zur Psychologie des Unterrichts. Leipzig (Scheffer).

Otto, B. (1908): Kindesmundart. Berlin (Modern-pädagogischer und psychologischer Verlag).

Otto, B. (1963): Die Spracherziehung (1929). Berthold Otto: Ausgewählte pädagogische Schriften, Paderborn (Schöningh), S. 202-231.

Petersen, P. (1965): Der kleine Jena-Plan. 46. Aufl. Weinheim/Basel (Beltz).

Petrat, G. (1979): Schulunterricht – Seine Sozialgeschichte in Deutschland 1750 bis 1850. München (Ehrenwirth).

Piaget, J. (1980): Das Weltbild des Kindes. Frankfurt a.M./Berlin/Wien (Klett-Cotta/Ullstein).

Postman, N. (1988): Wir amüsieren uns zu Tode. Frankfurt a.M. (Fischer).

Prange, K. (1986): Bauformen des Unterrichts. 2. durchges. Aufl. Bad Heilbrunn/Obb. (Klinkhardt).

Reich, K. (2008): Konstruktivistische Didaktik. 4. durchges. Aufl. Weinheim/Basel (Beltz).

Reich, K. (2010): Systemisch-konstruktivistische Pädagogik: Einführung in die Grundlagen einer interaktionistisch-konstruktivistischen Pädagogik. 6. Aufl. Basel (Beltz).

Reinert, G./Zinnecker, J. (1978): ‚Was wir Schüler in den Pausen auf dem Schulhof und in der Schule machen (auch was Lehrer eigentlich nicht wissen dürfen)'. In: Reinert, G./Zinnecker, J. (Hrsg.): Schüler im Schulbetrieb, Reinbek (Rowohlt), S. 165-174.

Rochow, F. E. v. (1979): Der Kinderfreund. Ein Lesebuch zum Gebrauch in Landschulen. Dortmund (Harenberg).

Rogers, C. R. (1974): Lernen in Freiheit – Zur Bildungsreform in Schule und Universität. München (Kösel).

Rosenthal, R./Jacobson, L. (1971): Pygmalion im Unterricht: Lehrererwartungen und Intelligenzentwicklung der Schüler. Weinheim u.a. (Beltz).

Ross, M./Buehler, R. (1994): Creative remembering. In: Neisser, U./Fivush, R. (Hrsg.): The Remembering Self: Construction and Accuracy in the Self-Narrative (clone), Cambridge, N.Y. (Cambridge University Press), S. 205-235.

Rousseau, J. (1972): Emil oder über die Erziehung. Paderborn (Schöningh).

Rumpf, H./Diederich, J. (1984): Lerner oder Menschen? Ein Briefwechsel über Schülerbilder von Lehrern zwischen Horst Rumpf und Jürgen Diederich. In: Schüler – Herausforderungen für Lehrer, Velber (Friedrich), S. 33-36.

Rutschky, K. (Hrsg.) (1977): Schwarze Pädagogik. Frankfurt a.M./Berlin/Wien (Ullstein).

Schacter, D. L. (2005): Aussetzer. Bergisch-Gladbach (Lübbe).

Schleiermacher, F. D. (1964): Ausgewählte pädagogische Schriften. 2. Aufl. Paderborn (Schöningh).

Schlüter, S./Langewand, A. (Hrsg.) (2010): Neurobiologie und Erziehungswissenschaft. Bad Heilbrunn (Klinkhardt).

Schmidt, H. (1973): Allgemeine Entwicklungspsychologie. Berlin (Ost) (Deutscher Verlag der Wissenschaften).

Schulz, W. (1980): Die lehrtheoretische Didaktik. In: Gudjons, H./Teske, R./Winkel, R. (Hrsg.): Didaktische Theorien, Hamburg (Bergmann u. Helbig), S. 29-46.

Schulz von Thun, F. (1981): Miteinander Reden 1. Reinbek bei Hamburg (Rowohlt).

Selg, H./Bauer, W. (1971): Forschungsmethoden der Psychologie. Stuttgart/Berlin/Köln/Mainz (Kohlhammer).

Shaftel, F. R./Shaftel, G. (1973): Rollenspiel als soziales Entscheidungstraining. München/Basel (Reinhardt).

Skinner, B. F. (1968): The Technology of Teaching. Englewood Cliffs (New Jersey) (Prentice-Hall).

Specht, W. u. a. (1976): Erfahrungen mit der Schule. Ein Schülerbericht aus der Schulforschung. Weinheim (Beltz).

Spence, D. P. (1982): Narrative Truth and Historical Truth: Meaning and Interpretation in Psychoanalysis. New York (Norton).

Spitzer, M. (2012): Digitale Demenz. München (Droemer).

Spranger, E. (1965): Das Gesetz der ungewollten Nebenwirkungen in der Erziehung. 2. Aufl. Heidelberg (Quelle & Meyer).

Steinbach, A. (1979): Montage einer Unterrichtsstunde. In: Die Penne und ich. Einblicke in das Denken und Fühlen unserer Schuljugend, Bern (Tomek), S. 67-70.

Stürzer, M./Roisch, H./Hunze, A. u.a. (Hrsg.) (2003): Geschlechterverhältnisse in der Schule. Opladen (Leske und Budrich).

Terhart, E. (1981): Intuition-Interpretation-Argumentation. Zum Problem der Geltungsbegründung von Interpretationen. In: Zeitschrift für Pädagogik 27, S. 769-795.

Terhart, E. (1999): Konstruktivismus und Unterricht. In: Zeitschrift für Pädagogik, 45 (4), S. 629-647.

Terhart, E. (2002): Fremde Schwestern. Zum Verhältnis von Allgemeiner Didaktik und empirischer Lehr-Lernforschung. In: Zeitschrift für Pädagogische Psychologie, 16 (2), S. 77-86.

Terhart, E. (2005): Lehr-Lern-Methoden. 4. erg. Aufl. Weinheim [u.a.] (Juventa).
Terhart, E. (2009): Didaktik. Stuttgart (Reclam).
Terhart, E. (2014): Die Hattie-Studie in der Diskussion. Seelze (Klett/Kallmeyer).
Thomae, H./Feger, H. (1969): Hauptströmungen der neueren Psychologie. Frankfurt a.M. (Akademische Verlagsgesellschaft).
Trapp, E. C. (1913): Versuch einer Pädagogik. Leipzig (Koehler).
Treiber, B./Groeben, N. (1984): Objektivität. In: Haft, H./Kordes, H. (Hrsg.): Methoden der Erziehungs- und Bildungsforschung, Stuttgart (Klett-Cotta), S. 493-497.

Ulich, D./Mertens, W. (1973): Urteile über Schüler. Weinheim/Basel (Beltz).

Wahl, D./Schlee, J./Krauth, J. u.a. (1983): Naive Verhaltenstheorie von Lehrern. Abschlußbericht eines Forschungsvorhabens zur Rekonstruktion und Validierung subjektiver psychologischer Theorien. Oldenburg (Universität Oldenburg).
Watzlawick, P. (1976): Wie wirklich ist die Wirklichkeit? Wahn – Täuschung – Verstehen. München (Piper).
Watzlawick, P. (Hrsg.) (1985): Die erfundene Wirklichkeit. Beiträge zum Konstruktivismus. München (Piper).
Watzlawick, P./Beavin, J. H./Jackson, D. D. (1969): Menschliche Kommunikation. Formen, Störungen, Paradoxien. Bern/Stuttgart/Wien (Huber).
Watzlawick, P./Weakland, J. H./Fisch, R. (1974): Lösungen. Zur Theorie und Praxis menschlichen Wandels. Bern/Stuttgart/Wien (Huber).
Weinert, F. E. (1998): Psychologische Theorien auf dem pädagogischen Prüfstand. In: Zeitschrift für Pädagogische Psychologie 12 (4), S. 205-209.
Wellendorf, F. (1973): Schulische Sozialisation und Identität. Weinheim/Basel (Beltz).
Wolpe, J. (1972): Praxis der Verhaltenstherapie. Bern/Stuttgart/Wien (Huber).
Woods, P. (1978): Relating to Schoolwork: Some Pupil Perceptions. In: Educational Review, 30 (2), S. 167-175.
Woods, P. (1980): Pupil Strategies – Explorations in the Sociology of the School. London (Croom Helm).
Woolfolk, A. (2008): Pädagogische Psychologie. 10. Aufl. München u.a. (Pearson).
Woolfolk, A./Perry, N. (2012): Child and adolescent development. Upper Saddle River, N.J (Pearson).

Wundt, W. (1909): Grundriß der Psychologie. 9. verb. Aufl. Leipzig (Engelmann).

ZEIT-Redaktion (2000): „Das erste Mal in echt". H. 29, S. 4

Ziller, T. (1865): Grundlegung zur Lehre vom erziehenden Unterricht. Leipzig (Pernitzsch).

Ziller, T. (1884): Allgemeine Pädagogik. Leipzig (Matthes).

Ziller, T. (1886): Materialien zur speziellen Pädagogik des ‚Leipziger Seminarbuches'. Dresden (Bleyl & Kämmerer).

Abbildungsverzeichnis